31

ALESSANDRO
BARBERO

¿Cuándo se
come aquí?

BREVE HISTORIA CULTURAL
DEL HORARIO DE LAS COMIDAS

TASCABILI

⋈⋈⋈ altamarea

Primera edición en esta colección: marzo de 2026
Título original: *A che ora si mangia? Approssimazioni storico-linguistiche all'orario dei pasti (secoli XVIII–XXI)*

© 2017 Quodlibet Srl
© de la presente edición: Altamarea Edición de Libros SL
altamarea.es
altamarea@altamarea.es
© Imagen p. 6: Édouard Vuillard, *La table mise, rue Truffaut* (c. 1903), colección privada
© Imagen pp. 108–109: Floris Van Dyck, *Pièce de banquet* (c. 1622), Musée des beaux-arts de Montréal

Diseño de la colección: Sara Maroto Hebrero
Corrección: Lucía Gómez Jimeno

ISBN: 978-84-10435-26-1
DL: M-2802-2026

Questo libro è stato tradotto grazie a un contributo del Ministero degli Affari Esteri e della Cooperazione italiano

Este libro ha sido traducido gracias a la ayuda a la traducción del Ministerio de Asuntos Exteriores y de la Cooperación italiano

Impreso en España por Estugraf en enero de 2026

ALESSANDRO BARBERO

¿Cuándo se come aquí?

BREVE HISTORIA CULTURAL DEL HORARIO DE LAS COMIDAS

Edición y traducción de
Fabrizio D. Morselli

Tendrían que haber servido la comida principal por la noche, como hacían los ricos. Hay que fiarse de los ricos, esos sí que saben vivir. Nunca se vio que un gran señor se atiborrase a mediodía.

JAMES JONES, *De aquí a la eternidad,* capítulo 38

PREMISA

Los horarios de las comidas son un ritmo vital que estamos acostumbrados a aceptar como algo natural, hasta el punto de que generalmente ni siquiera pensamos en ello… hasta que nos topamos con costumbres diferentes a las nuestras, que a primera vista nos suelen parecer extravagantes, cuando no absurdas. La realidad es que los horarios de las comidas son una construcción cultural y cambian no solo de un país a otro, sino también de una clase social a otra, e incluso de una época a otra dentro de la misma clase social. Este ensayo estudia el cambio de esa construcción entre finales del siglo XVIII y principios del XIX, cuando las clases ricas europeas modificaron los horarios de las comidas y pospusieron el de la más importante del día: lo que se llamaba *dîner* en francés, *dinner* en inglés y *pranzo* en italiano; la costumbre de comer fuerte cada vez más tarde se mantuvo durante el siglo XIX y el reloj no se paró hasta principios del siglo XX.

Esta transformación produjo una nueva separación entre clases sociales, pues atribuyó al *pranzar tardi* o comer tarde la importancia que tiene un *status-symbol*. Esto provocó que los horarios de las comidas fueran, durante más de un siglo, un indicador social cuidadosamente examinado y mencionado con enorme frecuencia en la literatura, mucho más de cuanto sucede hoy; además, tuvo consecuencias lingüísticas que todavía perduran y a las que los hablantes no sabrían dar una explicación, como la alternancia, en italiano, entre la *colazione* y el *pranzo* para indicar la comida del mediodía, y entre el *pranzo* y la *cena* para denominar la última comida del día.[1] Se trata, por tanto, de un fenómeno que resulta interesante tanto para el estudioso de los comportamientos sociales como para el crítico literario —y para el filólogo— y que, sin embargo, no ha sido objeto de un estudio sistemático hasta ahora.

I. EL HORARIO DE LAS COMIDAS EN EL SIGLO XVIII

En el siglo XVIII, en la Europa continental, el ritmo de las comidas incluía un desayuno por la mañana nada más despertarse, que en el idioma internacional de las clases altas se llamaba *déjeuner;* una comida muy abundante, o *dîner,* entre el mediodía y las dos de la tarde; y una cena más ligera, o *souper,* por la noche. Parece que estos horarios eran respetados en casi toda Europa: Goldoni, en Pisa, en 1747, si se veía obligado a retrasar la comida hasta las dos, decía que era «demasiado tarde para ir a comer a casa de los amigos», y pedía que le trajeran la comida del hotel.[2] Tras mudarse en 1762 a París, donde pasó treinta años, descubrió que allí las costumbres no eran tan rígidas y que la hora normal a la que la corte y la alta sociedad se sentaban a la mesa eran exactamente las dos de la tarde.[3] Pero lejos de París y en contextos informales, incluso la *bonne compagnie* comía más temprano, al mediodía o a la una. En las memorias del conde Dufort de Cheverny, muerto en 1802, se apuntan los horarios que observaban el duque de Choiseul y sus invitados a la casa de campo a principios de la década de 1770:

> Desayunábamos, comíamos [*on dînait*] al mediodía y nos despedíamos a las cuatro, hasta las ocho, cuando nos volvíamos a ver en el salón… La cena [*souper*] era buena y consistente, sin magnificencias; nos sentábamos a la mesa a las nueve y nos levantábamos a las diez.[4]

En 1764, Boswell, que hacía el *Grand Tour*, logró que Rousseau lo invitara a comer. El gran hombre lo citó a mediodía, para tener tiempo de charlar un poco antes de sentarse a la mesa; en cualquier caso, a las dos y media habían acabado de comer.[5] Como se habrá visto, los horarios son bastante similares a los que rigen hoy en países como Italia o Francia, pero quien pensase que nada ha cambiado desde entonces hasta hoy cometería un grave error. Así como un tren que acumula veinticuatro horas de retraso termina por llegar a la hora programada, los horarios de las comidas sufrieron un cambio tan fuerte entre la Revolución francesa y la Primera Guerra Mundial que, al final, regresaron a la posición de salida. Sin embargo, una variante léxica sirve para avisarnos de que algo había sucedido entretanto: en francés, hoy

—al menos en el francés oficial, que es el de París—, la comida del mediodía es el *déjeuner,* mientras que el término *dîner* se reserva para la cena. Uno de los primeros casos de este nuevo uso se encuentra en una carta de 1772, escrita por Madame du Deffand, que relata, al igual que Dufort de Cheverny, una estancia en el campo con el duque de Choiseul, pero dice *«on déjeune»* donde el otro decía *«on dînait»,* sin contar que las horas indicadas por Madame sean probablemente más correctas que las apuntadas por Dufort, pues se trata de una carta contemporánea a los hechos y no llena de recuerdos:

> Comemos [*on déjeune*] a la una, asiste quien quiere; después nos quedamos en el salón tanto como queremos, sea mucho o poco; a las cinco o las seis, caza o paseo. Cenamos [*on soupe*] a las ocho y nos vamos a dormir sin horario fijo, a todo tipo de horas.[6]

Esta mutación en los términos es indicio de un incipiente cambio de hábitos, apenas delineados, pero que iban a manifestarse plenamente a finales de siglo.

Para introducir el tema es necesario apuntar primero que en Inglaterra la aristocracia comía más tarde. En el *Journal* de Jonathan Swift, que estuvo en Londres un tiempo que coincidió con los últimos años de la reina Ana, se anotan las invitaciones a comer que le hacen al escritor varios ministros, ahora a las tres, ahora a las cuatro. En 1735, una ordenanza de la corte testimonia las tres como «la hora habitual en que Su Majestad se retira a comer» *(the usual time of His Majesty's retiring to go to dinner)*. En la novela de Fielding titulada *Joseph Andrews* (1742), un personaje que deja constancia de cómo pasa el día anota: «*4 to 6: dined*». Es cierto que en 1764 Lord Holland invitaba a un amigo a comer con esta advertencia: «Comemos a las dos en punto» *(We dine exactly at two),* pero otros lores comían a las tres y a las cuatro, y la invitación insiste en la puntualidad precisamente porque la hora es insólita.[7]

Con una comida tan tardía, la aristocracia inglesa anticipaba la evolución que se dio luego en el continente, lo que sugiere que el cambio fue también resultado de la anglofilia que empezaba a triunfar entre las clases altas europeas. La Inglaterra del siglo XVIII también parece estar a la vanguardia desde otro punto de vista: el de la introducción de horarios diferentes a la hora de sentarse a comer entre la sociedad *fashionable* y el resto de la población. En el poema satírico *The Progress of Marriage,* Swift describe las tribulaciones de un anciano clérigo que ha cometido la tontería de casarse con la hija de un lord y tiene que acostumbrarse a los horarios de la esposa, que «se sienta a comer [*dinner*] a las cuatro en punto», cuando «el deán, que acostumbraba a comer a la una, | es sensible a los cambios y tiene el estómago echado a perder».[8] Aparece ahora otro detalle que caracterizará el cambio de finales de siglo: la conciencia de que los horarios de las comidas pueden ser una elección deliberada y tener importantes implicaciones sociales. Sin embargo, cuando están en el continente, los británicos también se adaptan a horarios más madrugadores: en 1764, Boswell, durante su *Grand Tour* por Alemania y Suiza, come alrededor del mediodía o la una, y cena a las ocho.[9]

II. ¿LA COMIDA DE MEDIODÍA O LA COMIDA MÁS IMPORTANTE?

El nombre de una comida puede estar relacionado con la hora o con la consistencia. Hoy, en la conciencia del hablante parece prevalecer la cuestión del horario: hablando con dos historiadores ingleses, ambos me confirmaron que, para ellos, una comida ingerida a la una puede llamarse solo *lunch,* aunque sea en una sentada formal y larga.[10]

En los siglos XVIII y XIX, palabras como *dîner, dinner* y *pranzo* connotan, fuertemente, que se trata de la comida principal. Debe tenerse en cuenta que, en la época, los que podían permitírselo comían —y bebían— muchísimo más de lo que se acostumbra hoy, pero el muchísimo se concentraba sobre todo en la comida del mediodía, que nunca constaba —ni siquiera en casa de la pequeña burguesía— de menos de cuatro o cinco platos; al menos dos eran de carne. Quien quiera una confirmación puede ir a ver los menús o *note di pranzi* con los que Pellegrino Artusi da por terminada su *Scienza in cucina* (1891). Se trata, por supuesto, de comidas con invitados, pero demuestran en cualquier caso cuáles eran las costumbres de la burguesía; los platos de carne, en estos menús, eran cuando menos tres o cuatro: cocida, guisada, frita y rustida o asada. Y no se trataba de la «praxis» de una élite restringida, pues Artusi, en el prólogo a la trigésimo quinta edición, se vanagloria de haber vendido más de doscientos ochenta mil ejemplares del libro.[11]

Que fuese una comida, sin duda, más importante que las otras lo demuestra el que muchos tuvieran la costumbre de no cenar. Federico el Grande, que comía a «las doce en punto», de viejo dejó de cenar, aunque no dejó de invitar a cenar: a las diez, cuando los invitados se sentaban a la mesa, él se retiraba y se acostaba.[12] Kant, según De Quincey, madrugaba, bebía varias tazas de té y trabajaba sin tomar nada hasta la hora de la comida, que empezaba a la una y que, cuando tenía invitados, podía durar hasta las cuatro o las cinco; el filósofo ya no cenaba y se acostaba pronto.[13] El secretario de Buffon decía que comía a las dos y que «era la única comida que hacía» *(c'était son seul repas)*. Pero, en una carta de 1776, el científico invita a comer a un conocido y le dice que venga *à midi ou midi et demi*.[14] Goldoni, en París, hacia 1787, encontraba muy normal hacer que la jornada girara en torno a una única comida:

Me levanto a las nueve de la mañana, desayuno con un excelente chocolate [...]. Trabajo hasta el mediodía, paseo hasta las dos [...]. A menudo como fuera [...]. Después de comer no me gusta trabajar ni pasear. A veces voy al teatro y más a menudo echo una partida hasta las nueve de la noche, pero vuelvo a casa antes de las diez y me tomo dos o tres bombones con una copa de vino aguado: esta es mi cena.[15]

Unos miles de kilómetros más al este, el protagonista de *Fatti d'altri tempi nel distretto di Pošechon'je*, Vasilij Porfiryč, que en la Rusia profunda vive en 1829 como se vivía en los viejos tiempos, «come solo una vez al día y exige que le sirvan la comida a las dos en punto».[16]

La de no cenar es, por supuesto, una costumbre muy personal: hasta los primeros años del siglo XIX, en la literatura y en los diarios la cena se nombra casi tan a menudo como la comida, pero es evidente que se trata de algo menos sustancioso. Por eso, como veremos, el cambio del horario de las comidas no debe tomarse como un simple cambio léxico, pues comporta una colocación diferente de la comida más importante, alrededor de la cual se organizan la jornada y, con ella, la percepción del tiempo. Expresiones como «después de comer», *«l'après dîné»* o *«nel dopopranzo»* se utilizaban generalmente para decir «por la tarde».[17]

III. EL CAMBIO DE HORA: LONDRES

Entre finales del siglo XVIII y principios del XIX se dio en la alta sociedad la tendencia a retrasar la hora del almuerzo. Es probable que el cambio comenzara en Inglaterra, donde, como hemos visto, la alta sociedad prefería comer más tarde que en el continente. Si a principios del siglo XVIII el rey comía a las tres —los ministros y lores más a la moda lo hacían a las cuatro—, a finales de siglo estos horarios se consideraban propios de provincianos. En 1788, el publicista Luigi Angiolini apuntó, como algo digno de mención para sus lectores italianos, que los caballeros ingleses que viven en la campiña «vienen a comer siempre pasadas las cuatro y media».[18] Por su parte, en 1790, el ruso Malinovsky, de paso por Edimburgo, observa que allí se come «más temprano que en Londres, exactamente a las cuatro».[19] Entonces, ¿a qué hora se comía en Londres? En 1793, Jeremy Bentham, que no solo era un jurista y un filósofo muy distinguido, sino también un caballero adinerado, invita a comer a un conocido, y le informa: «Como habitualmente a las cinco».[20] En 1794, John Quincy Adams, futuro presidente de Estados Unidos, que estaba en Londres para negociar un acuerdo comercial, recibió una invitación a comer de Samuel Vaughan, gran banquero y plantador de Jamaica, *at five*. En 1810, George Jackson «cenó muy acogedoramente y en familia a las cinco con la duquesa de Leeds»,[21] viuda y vieja amiga de la familia; dos años más tarde, su hermano, el diplomático Francis J. Jackson, al regresar de un viaje, escribe a su madre —viuda de un canónigo de Westminster— que llegaría a tiempo para comer con ella al día siguiente, y le pide «que pospongas tu hora de cenar de las cinco a las cinco y media».[22]

Quizás no sea casualidad que estos últimos testimonios se refieran a los almuerzos *en famille* de viudas ancianas, aunque sean de la mejor sociedad; por otro lado, en la década de 1790, el viejo duque de Leeds solía invitar «a las cinco y media».[23]

En una gramática publicada en 1822, una frase que se utiliza como ejemplo de buena construcción sintáctica sigue siendo *we dine exactly at five*, pero ya comer a esa hora se ha vuelto una costumbre de pequeñoburgueses.[24] En el gran manual de costumbres sociales que es *La feria de las vanidades* de

Thackeray —escrito en 1847-1848, pero ambientado en 1812-1815—, en la casa de un importante *business-man* de la City como Mr. Sedley, «la campana de la cena sonó a las cinco en punto, como de costumbre», incluso el día en que los periódicos informan de la noticia de la batalla de Leipzig, pero su hijo Jos, ingenuamente vanidoso y esnob, invita a comer a las seis y media.[25]

Pero, en realidad, la alta sociedad come incluso más tarde. En 1815, John Quincy Adams, ahora embajador ante la corte de Londres, fue invitado a almorzar a las seis y media, llegó a las siete y descubrió que era el primero en llegar: las buenas maneras consisten en invitar a las seis y media o a las siete menos cuarto, pero nadie llega antes de las siete. Adams señala que «la hora habitual para comer, en este extremo de la ciudad, son las siete», y por «este extremo de la ciudad» *(«at this end of the town»)* debe entenderse el West End, la zona alta. La corte que frecuenta St. James, en cambio, mantiene un comportamiento digno y moderado: la comida cortesana se sirve a las seis en punto, tres horas más tarde de lo que se usaba en tiempos de Jorge II —apenas una generación antes—, y los que llegan a las seis y cuarto no encuentran sitio en la mesa. El mismo horario se respeta en los banquetes de corporaciones, asociaciones y academias a los que Adams es invitado con frecuencia, por ejemplo, en la sociedad «Amigos de los Extranjeros con Problemas»; en estos casos, además, el *bon ton* dicta que la invitación sea para media hora, una hora, o incluso dos horas antes de cenar, pero los que llegan pronto no encuentran a nadie, y nunca se sientan a la mesa antes de las seis.[26]

Desde principios del siglo XIX, retrasar la hora de la comida se tiene como una moda, seguida principalmente por la alta sociedad, y se convierte en motivo de sátira. La revista *The Director,* en el número del 21 de marzo de 1807, publica una carta ficticia sobre el *good living,* carta que, subraya la redacción, «tiene el mérito de la *extreme fashion*». La carta se remite desde el «Haut-ton Castle» y es una parodia que ataca la muelle y delicada vida aristocrática. El remitente de la carta declara tranquilamente que, en la residencia noble donde se aloja durante las vacaciones de Navidad, «nuestro horario es de lo más normal»: casi nunca se acuestan después de las cuatro de la madrugada, «lo que nos permite desayunar [*breakfast*] temprano, entre las dos y las tres, después de lo cual damos nuestro paseo matutino a caballo». Los cocineros franceses de su señoría imponen sentarse a la mesa siempre a la misma hora, por lo que «comemos a las ocho en punto», que dado el contexto satírico debemos considerar cómicamente una hora tardía; a medianoche se juega a las cartas, se va al teatro, etcétera, y «a eso de las tres tomamos un *petit souper*». Los nuevos horarios —la revista lo acepta y publica— sirven al estilo de vida de las clases ociosas.[27]

En la Inglaterra decimonónica, el cambio en los horarios de la comida *(dinner)* se menciona y se discute como un acontecimiento significativo que altera los hábitos cotidianos. En una descripción humorística, publicada en 1837, de la vida en la Universidad de Oxford, el narrador observa que los estudiantes de hoy se emborrachan menos que antes, y esto también se debe a la nueva costumbre de comer tarde *(late dinners)*.

> En mi época, los hombres solían comer a las tres y tenían poco o nada que hacer, excepto beber, hasta las seis. Luego, iban a la cafetería, armaban escándalo por la calle y se retiraban a las nueve: asado y champiñones. La noche acababa en compañía del obispo o el cardenal, y un huevo revuelto. Las cafeterías han desaparecido, y a las comidas y al borgoña de las seis rara vez les siguen las cenas [*suppers*].[28]

También en 1837, una revista publicó un artículo cómico, «Extracts from the Journal of a Nervous Man», en el que el objeto de la sátira ya no eran los precursores del nuevo estilo, sino los conservadores que se obstinaban en no seguirlo: el personaje mentalmente perturbado que escribe el diario se embarca en una cruzada personal contra la modernidad, y ataca especialmente los nuevos horarios. En su casa se come a las tres: una hora ya absolutamente anticuada, pero que en provincias todavía puede ser aceptable, como veremos más adelante. Pero el loco está decidido a adelantar aún más los horarios, e incluso encarga que le sirvan la comida a las diez de la mañana:

> Me levanté a las tres de la madrugada, ordené a los sirvientes que se levantaran y prepararan el desayuno [*breakfast*] a las cinco, a la antigua usanza. Los sirvientes me avisaron para que renunciara. Pedí la comida a las diez en punto [...]. Propuse a Mrs. N. prohibir el uso de tenedores, que son una invención moderna [...] Alrededor de las dos, Mrs. N. tomó el té, cuando Mr. R. (nuestro anfitrión) y su esposa nos llamaron para una cena [*dinner*] informal a las tres, pues estábamos acostumbrados a cenar [*to dine*] a las tres en punto. Mr. y Mrs. R. se sorprendieron mucho.[29]

En 1863, incluso el diario de sesiones de la Cámara de los Comunes se hace eco de una discusión sobre el cambio del horario de comidas. La jornada de los parlamentarios está, de hecho, regulada por normas de épocas muy pretéritas, cuando se comía antes. El resultado es que a la hora del *dinner,* que entonces había pasado a ser a las siete y media, la Cámara se vacía, mientras la jornada, en teoría, no había acabado. Por eso se negocia si sería oportuno montar un restaurante en la Cámara, lo que permitiría a los miembros comer sin tener que salir del edificio.

En el debate, un diputado se explaya para decir que el origen del problema está en el cambio de horarios. Las sesiones de los *commons* empiezan siempre a las cuatro de la tarde, pero en tiempos eso quería decir que habían comido previamente, mientras que ahora ya no es así, de modo que:

> Una parte muy significativa de los debates se celebraba a la hora generalmente conocida como «hora de la comida» [*dinner hour*], que, en su opinión, nacía del estricto apego a las antiguas costumbres; porque cuando se decidió por primera vez que los *commons* se reunirían a las cuatro en punto, los miembros solían comer [*to dine*] a las dos o las tres en punto, y terminaban de comer antes de que comenzaran los trabajos de la Cámara.[30]

IV. LOS NUEVOS HORARIOS Y REFLEXIONES SOBRE LAS CAUSAS

Si en Londres, donde ya en el siglo XVIII el *beau monde* comía bastante tarde, retrasar la comida hasta avanzada la tarde dejó muchos testimonios, la novedad causó aún más sensación en París. Un diccionario publicado en 1827 afirma que el fenómeno había comenzado a manifestarse incluso antes de la Revolución, y con connotaciones sociales muy evidentes:

> No hace ochenta años que las gentes de la corte eran las únicas que comían a las dos de la tarde; pero incluso antes de la Revolución, la burguesía había adoptado esta costumbre, y los grandes comían a las tres [...]. Finalmente, después de la Revolución se hizo habitual entre los grandes y en la alta burguesía el comer [*dîner*] no antes de las cinco o las seis.[31]

Varios autores de memorias de principios del XIX nos han dejado testimonio de lo que se percibía claramente como un fenómeno digno de ser comentado.

En 1802, el diplomático inglés George Jackson fue invitado por el primer cónsul «a comer a las seis; los franceses, en general, han abandonado la costumbre de comer más temprano».[32]

Para el inglés se trata simplemente de constatar que los franceses finalmente han decidido comer a horas civilizadas, pero para los que vienen de países más tradicionalistas es una rareza: ese 1802, el prusiano Reichardt se sorprende de los suntuosos almuerzos de la alta sociedad parisina, *«dont l'heure est entre six et sept»*.[33]

La sensación que tienen quienes viven entre la era napoleónica y la Restauración no es la de un cambio definitivo, sino la de una tendencia que continúa. Madame Pariset, autora de un manual de economía doméstica publicado en 1821, observa:

La hora a la que comemos en París se retrasa cada día más. Comíamos, hace treinta años, a más tardar a las cuatro; ahora, a las cinco como muy pronto, a menudo a las seis y a las siete. Esta costumbre, se dice, es útil a los hombres, a quienes les conviene prolongar así el horario de la mañana, de modo que puedan acabar con sus asuntos antes de la hora de la comida.[34]

La misma explicación, vinculada al mundo de los negocios y a sus exigencias, se lee en las *Mémoires pour servir à l'histoire des mœurs et uses des Français,* de Antoine Caillot, publicadas en 1827. Aunque se ríe a veces de quienes comen cada vez más tarde —«es bastante divertido oír, de la gente que se sienta a la mesa a las ocho o a las nueve de la tarde, que se disponen a "almorzar"»—, opina que comer a esas horas, el *«long retard de ce repas»* que se ha hecho habitual después de la Revolución, se debe a las necesidades del comercio:

> Los comerciantes y tratantes que frecuentan la Bolsa, y muchos otros que trabajan en las tiendas, acaban el trabajo alrededor de las cinco de la tarde y, en consecuencia, solo pueden librar después de esa hora y entregarse, con la familia, al placer de satisfacer su apetito.[35]

Frente a la lectura satírica que hemos visto en Gran Bretaña —consecuencia de la corrupción *(débauche)* aristocrática: se cena tarde porque no se madruga—, en Francia prevalece una interpretación completamente diferente, racional y que se sigue a mayor gloria del capitalismo: comer tarde no se debe a los malos hábitos de la clase alta, sino —al contrario— a lo que exigen la eficiencia y la productividad, ya que todos ven como algo obvio que después de comer no se vuelva al trabajo.[36] Una obra de 1821 atribuye incluso los nuevos horarios a una racionalización del trabajo en los despachos: en la época de la Revolución, se dice, «à Paris, on dînait à deux heures»; los empleados trabajaban de nueve a doce y de tres a siete. Una reforma administrativa propuso la jornada intensiva de nueve a cuatro, lo que supuso un cambio de hábitos al que también se adaptó el resto de la población: «On dîna à quatre heures, à cinq et même à six heures».[37] Esta es evidentemente una reflexión hecha a posteriori —siquiera porque no tiene en cuenta que la nueva moda triunfó al mismo tiempo, si no antes, en Inglaterra—, igual que la versión, citada todavía hoy en algunos blogs, según la cual el cambio se habría debido a las nuevas costumbres de los diputados de la Asamblea Constituyente, que comían al final de la sesión, y en consecuencia lo hacían también los funcionarios de los ministerios y demás organismos de la Administración, obligados a adaptar sus horarios a los de los legisladores.[38] Es interesante, sin embargo, como testimonio del espíritu de los tiempos en la Francia del «enriqueceos» (enrichissez-vous). Podemos preguntarnos, más bien, si el triunfo y el crecimiento de la clase social de los rentistas, que Thomas Piketty coloca entre los siglos XVIII y XIX, no tiene algo que ver con el triunfo de las nuevas costumbres y de los nuevos horarios. Pero más allá de las interpretaciones funcionales, la adopción de nuevos horarios tiene siempre que ver, como veremos con detalle más adelante, con una evidente connotación de esnobismo social; queda por ver si está relacionado con un aumento real de la brecha entre ricos y pobres, como se desprende del modelo de Piketty, o, por el contrario, si se debe a la aparición de la sociedad de masas, anunciada por la Revolución Industrial y por la Revolución francesa. En cualquier caso, en tiempos napoleónicos, en París, el cambio de horarios era un hecho. Napoleón comía en St. Cloud a las seis, e incluso más tarde en verano.[39] En 1812, en Vilna, los primeros días de la campaña rusa, el enviado del zar, Balašov, fue invitado a almorzar por Napoleón a las siete de la tarde.[40] Napoleón mantendrá el mismo horario en Santa Elena, donde, escribe Montholon, la *díner* se servía a las siete; el *déjeuner,* innovación indispensable por culpa del retraso de la comida, se servía inicialmente a las once, pero el emperador decidió casi inmediatamente tomarlo en su habitación y a la hora que le apeteciera.[41] Las cosas no cambiaron con la Restauración: en febrero de 1815, John Quincy Adams, invitado a almorzar por el conde Marbois —primer presidente de la Chambre des Comptes—, ahora en casa de Madame de Staël, se viste y sale de casa a las cinco y media; en un almuerzo ofrecido por los americanos de París al embajador Mr. Crawford, que está a punto de volver a Estados Unidos, en el establecimiento que el *restaurateur* Grignon tiene en la rue Neuve des Petis Champs, se sientan a la mesa a las seis, y allí siguen hasta pasadas las diez;[42] en el capítulo 55 de *Rojo y negro,* publicada en 1830, Stendhal nos informa de que en la casa del marqués de la Mole *«l'on dînait à six»*. Estos horarios no los seguían solo en la corte y en los palacios de los nobles, sino también todos aquellos que querían estar a la última. En 1804, Stendhal, un empleado de escasos recursos y grandes ambiciones literarias, solía *déjeuner* avanzada la mañana; seguía un *dîner* que, cuando estaba acompañado, podía durar hasta cuatro o cinco horas y que, en cinco casos registrados, empezaba bien a las cinco (dos casos), a las cinco y media (uno) o a las seis y media (dos).[43] ¡Él, al menos, no tenía sirvientes que lo obligaran a comer a horas fijas!

V. LAS CONSECUENCIAS SOBRE EL SISTEMA DE COMIDAS: INVENCIÓN DEL DESAYUNO Y DESAPARICIÓN DE LA CENA

En este punto, quienes hayan llegado hasta aquí podrán pensar que se trata de un problema con una sola dimensión: el *dîner, dinner* o *pranzo,* es decir, la comida principal del día, se toma cada vez más tarde. Pero las comidas están dentro de un sistema, y cambiar la hora de una de ellas implica consecuencias que modifican profundamente el sistema en conjunto. Las consecuencias principales de comer cada vez más tarde son la desaparición de la cena *(souper, supper)* y la aparición de un desayuno abundante, el llamado *déjeuneur à la fourchette* o desayuno de cuchillo y tenedor, que no se ataca nada más levantarse (como es costumbre hoy en muchos países), sino a media mañana.

La cena es la víctima de los nuevos horarios: la palabra *souper* desaparece prácticamente del habla de París. Hemos visto que, en el pasado, la importancia de la comida hacía que alguien, por gusto propio, prefiriera no cenar, pero que la comida se retrasara hasta bien entrada la tarde significaba la desaparición de la cena como acontecimiento social. Si se come a las cuatro, como en la Inglaterra del siglo XVIII, la cena se vuelve irrelevante. Como apunta Angiolini, entre los hidalgos de campiña ingleses «la cena es sencilla, por lo general los restos fríos de la comida, se come deprisa, por lo común de pie, y a eso de las nueve».[44]

Pero en el *beau monde* de principios del siglo XIX ya no se cena salvo en circunstancias excepcionales, cuando todavía se está despierto en plena noche, después del teatro o del baile. En París, una recepción del embajador prusiano Lucchesini, en noviembre de 1802, empieza después del teatro, es decir, pasadas las once, y a las dos se sirve un *«souper chaud»*.[45] La condesa Potocka describe así una velada en la corte de Napoleón, en Varsovia, en 1807: primero el concierto, que aún no había comenzado a las diez, luego la partida de *whist,* y finalmente el *souper,* informal, durante el cual el emperador no se sienta a la mesa, sino que camina y departe con las damas.[46]

Los puristas, que abundan en Francia, se sintieron decepcionados por la masacre que provocaba en el diccionario la moda del comer casi de noche, porque no era solo la cena lo que desaparecía, sino también la merienda *(goûter),* e intentaron defender al menos el tentempié *(collation),* término que, sin embargo, como sabemos, solo tendría futuro en Italia.[47] Uno de aquellos puristas observó en 1814:

> Antes comíamos pronto y hacíamos cuatro comidas, la merienda [*goûter*] era una de ellas. Hoy comemos tarde y ya no cenamos; si tomamos algo por la noche es una simple refacción [*collation*]. Las personas que gustan rodearse de gente, como desayunan [*déjeunant*] con cuchillo y tenedor, normalmente solo hacen dos comidas.[48]

Añadamos que, si un baile dura hasta las dos o las tres de la madrugada y el anfitrión sirve no solo embutidos y dulces, sino también una sopita y platos calientes, entonces eso es un *souper.*

El *souper,* pues, se convirtió en una comida de bien entrada la noche: en San Petersburgo, en 1809-1810, los bailes de la corte y de la alta sociedad eran interrumpidos por una cena que podía servirse a medianoche, a las dos o incluso a las tres de la madrugada.[49] En 1811, en una grandiosa fiesta que el príncipe regente ofreció en honor de Luis XVII, *«supper was announced at half past two».*[50] Flaubert describe tiempos parecidos en la década de 1850, en el baile de *Madame Bovary* en Vaubyessard: *«À sept heures, on servit le dîner»;* luego se preparan para el baile, se baila y se juega al *whist,* y luego se toma un *souper* frío, tras lo cual se baila un vals y se va a dormir al amanecer.[51] Pero los días de baile son excepcionales, incluso en la vida de la alta sociedad: en el día a día ya no hay lugar para el *souper,* aunque haya quien lo eche en falta como un aspecto más del *temps perdu* y costumbre vigente antes de la Revolución. El príncipe de Ligne, un hombre de los antes que en plena era napoleónica *dîne à trois heures et demi,* y que practica a diario tanto el *dîner* como el *souper,* apuntó al hablar de las grandes damas de la corte de María Antonieta:

Se despiertan a mediodía, la *toilette* las entretiene hasta la hora de comer, algo de talento o unos folletos las acompañan hasta la segunda *toilette,* que las lleva directamente al espectáculo; poco después, la *loto,* el *souper* y la *loto.* Los días que la corte está en Versalles […] tienen que madrugar y pasan el día cariacontecidas.

Pero, hacia 1815, el príncipe añadió en una nota a su manuscrito: «Todo esto, escrito hace treinta años, todavía se lleva, salvo la *loto,* los *soupers* y Versalles». Si el *souper* ya no se lleva, al igual que Versalles y el juego de la *loto,* es porque en París el *dîner* se sirve ahora avanzada la tarde y, por tanto, ya no se cena.[52] Hacerlo, a menos que se trate de un *souper* bien entrada la noche después del baile, sería una impropiedad, una cosa plebeya: *«Quant à ce dernier repas, il paraît proscrit par la bonne société»,* observa un diccionario de 1827.[53] En los diarios de John Quincy Adams, tras el regreso a su tierra natal en 1817, desaparecen las referencias a un *supper* que no estuviera relacionado con un baile. Además, el cansancio de estos bailes que se prolongan hasta el amanecer hace de la cena, en esas ocasiones, un complemento indispensable, y al mismo tiempo llevan a algunos de los participantes a preguntarse si realmente tiene sentido invertir así el día y la noche, como demuestra la catástrofe del baile de Lady Hyde Parker en Londres en mayo de 1811, cuando la anfitriona solo ofreció sándwiches en lugar de una cena completa:

El baile de anoche en casa de Lady Hyde Parker fue motivo de grave preocupación. Su señoría se está quedando obsoleta y, me temo, muy desfasada: ¡no nos dio de cenar! A las tres en punto estábamos todos apretujados en una habitación y luchábamos por unos sándwiches [...]. El descontento era general y las quejas, ruidosas. «Si para esto —dijo uno de los presentes, que no había logrado ni siquiera alcanzar unas migajas, pero levantaba con la mano un plato vacío—, si para esto se nos pide convertir la noche en día, yo, por mi parte, me niego, y vuelvo al orden natural de las cosas». [...] ¡Pobre Lady Hyde Parker! Si repite este tipo de cosas, quedará eternamente desacreditada.[54]

En resumen, comer cada vez más tarde implica un cambio radical en el sistema de las comidas. Además de la desaparición de la cena, la novedad más significativa es el irresistible ascenso del desayuno *à la fourchette.* Hasta entonces, la costumbre de sentarse a la mesa a media mañana para tomar un buen refrigerio en espera del almuerzo la practicaban los americanos, grandes comedores ya en aquellos tiempos: en 1789, los plantadores de Virginia se levantan a las ocho, beben lo que llaman un julepe *(julep),* es decir, lo que entonces era un brandevín o whisky con azúcar, hielo y menta; a las diez es el *breakfast* —embutidos, jamón, tostadas y sidra—; a las dos comen, luego duermen hasta las cinco, y luego toman té o beben licores hasta la hora de acostarse.[55]

Pero con los nuevos horarios el desayuno *à la fourchette* se impuso por doquier, necesario como era precisamente porque se comía muy tarde, como observó puntualmente Reichardt en París en 1802: «No podemos obviar el desayuno *à la fourchette,* pues la hora de la comida va de las seis a las siete».[56] De esto se hizo eco en 1821 Madame Pariset, que también lo desaprobaba: «No creo que esta manera de dividir el día, así como el desayuno *à la fourchette* que es necesario hacer para poder llegar a una comida tan tardía, sean un buen *régime*». Las ciudades de provincias y la campiña, obviamente, van con un poco de retraso.

En la novela *Fatti d'altri tempi nel distretto di Pošechon'je,* escrita en la década de 1880, pero ambientada en la vida de la nobleza de la Rusia profunda alrededor de sesenta años antes, Saltykov-Shčedrin observa que el desayuno *(colazione)* «en aquella época se hacía casi exclusivamente si había invitados, y se limitaba a colocar sobre la mesa una bandeja adornada con picatostes y cosas ligeras».[57]

En el mundo que describe Saltykov-Ščedrin, el desayuno se sirve a las nueve, pero en ambientes más mundanos el desayuno *à la fourchette* no se toma antes de las diez, o incluso más tarde, depende de la hora a la que se levanten los señores. En 1809, los oficiales franceses acuartelados en Hungría observaban horarios que podrían considerarse austeros según las costumbres parisinas: «A las diez se servía el desayuno *à la fourchette;* a las cinco, la comida con dos platos, postre, café y licores».[58] Un diccionario francés de 1827 apunta que los tiempos normales para el *déjeuner à la fourchette* son las «once y media» y añade que este *déjeuner* es «más consistente que el anterior».[59] El cambio en los horarios de las comidas también influye en la estructura de la jornada, pues sería absurdo llamar todavía «mañana» a esa parte del día que precede a la comida *(dîner).* El concepto «mañana» tiende a reducirse a las horas que van del despertar al *déjeuner;* y, sin embargo, en *bonne compagnie,* pueden retrasarse hasta horarios inverosímiles. En una reunión parisina celebrada en 1802, a las tres de la madrugada, la anfitriona invitó a un huésped alemán a volver a verla por la mañana. «¿Qué debo entender por "mañana"? ¡Serán las dos!». Puntualmente, dos horas después del mediodía siguiente, la señora lo recibe en la cama, luego se pone calmadamente el *négligé* y entonces, solo entonces, la doncella trae «el desayuno de la señora: un pollo rustido y un *flacon* de vino de Siracusa».[60] En 1810, la condesa Potocka, invitada a visitar *dans la matinée* a la mariscala Davout en la casa de campo, se presenta «a eso de las tres» y se encuentra con los anfitriones sin asear; luego, le ruegan que se «quede a desayunar [*déjeuner*]».[61]

En el París del Primer Imperio, el desayuno se tomaba tan tarde y tan abundantemente que nació la costumbre de invitar a la gente a desayunar en lugar de a comer. El *déjeuner dînatoire,* en el que normalmente se sirve un guiso, ¡puede durar hasta cuatro horas![62] La moda del *déjeuner dînatoire* no dura mucho: un diccionario considera obsoleta la expresión en 1835.[63] Entretanto, había tenido cierta difusión internacional (Heinrich Heine la utiliza en 1824, aunque de un modo que un parisino habría considerado impropio y, probablemente, teñido de broma: ¡un desayuno-bocadillo de pan con queso tomado al mediodía durante un paseo por la montaña!).[64] Pero el breve éxito de la expresión demuestra cómo los hablantes, inconscientemente, reaccionan ante el continuo aplazamiento de la comida *(dîner)* y, en consecuencia, del *déjeuner,* y reparan en la idea de que, en última instancia, los nuevos horarios, después de haberle dado la vuelta al sistema tradicional de comidas centrado en el binomio comida a mediodía y cena por la noche, han acabado por dejar todo como estaba, es decir: quienes desayunan abundantemente al mediodía, o incluso más tarde, se ven tentados a llamarlo comida. En 1804 un humorista francés observó:

> Antaño se comía [*dînait*] a mediodía. Hoy se desayuna [*déjeûne*] a las dos. Se desayuna *à la fourchette;* en una palabra: se desayuna como se comía antes. Solo difieren las palabras. Por lo demás, es lo mismo.[65]

Un volumen sobre las costumbres modernas publicado en París en 1827 observa que el *déjeuner à la fourchette* «podría verse en muchas casas como una comida en toda regla, si hay entrantes y potaje [*potage*]».[66] Lo mismo dijo Saltykov-Ščedrin en la novela que publicó en 1890, pues observa que antiguamente el desayuno se comía únicamente cuando había invitados y era de poca monta: «Hoy el desayuno es imprescindible, es una especie de almuerzo».[67] Se ha cerrado el círculo, retrasar el sistema de comidas nos ha devuelto, en realidad, al punto de partida; salvo que en determinadas lenguas, como el italiano, los hablantes prefirieron recuperar el antiguo nombre de *pranzo* para la comida del mediodía, mientras que en otras han optado por introducir otros términos, algunos incluso redefinidos, como *déjeuner,* o bien inventados a propósito: *lunch.*[68] Lo que no cambió fue la cena, *dîner* o *dinner,* que se dejó siempre para la ingesta nocturna. Pero todo esto tiene otra (doble) consecuencia: por un lado, se atenúa la idea de que las diferencias terminológicas implicaran una diferencia en la consistencia y la importancia social del hecho de sentarse a comer; por otro lado, se fomenta la idea de un sistema en que los términos indican, sobre todo, un horario interno.

VI. PAÍSES AVANZADOS Y PAÍSES ATRASADOS: RETRASOS Y AJUSTES CONTINENTALES

Los ingleses de la época napoleónica fueron los primeros en notar que sus hábitos contrastaban con los de otros países, implícitamente juzgados anticuados y provincianos porque tardaban en adoptar los nuevos horarios. Por su parte, en el continente saben que, para complacer a esa extraña gente que son los ingleses, hay que adoptar horarios extravagantes. En 1808, George Jackson anotó que los embajadores ingleses destacados en España «debían comer [*dine*] con la Junta a las cinco, y lo hacían a esa hora, en lugar de a la hora habitual de las doce o la una, en homenaje a nosotros».[69]

La sensación de que en el continente la sociedad elegante es más anticuada por seguir horarios anticuados es recurrente entre los viajeros ingleses del siglo XVIII. En 1753, el joven Edward Gibbon, tras mudarse a Lausana, encontró absurdos e incómodos los horarios del clérigo que lo hospedaba («comer a las doce y cenar a las siete era una costumbre arbitraria aunque inconveniente [*though inconvenient*]»).[70] John Morritt, viajero del *Grand Tour,* señala en 1794 en Dresde que las principales ocasiones para hacer vida social son «las comidas a la una, que no se adaptan en absoluto a mi gusto… Imagínate que vaya por ahí y me siente a comer a la una ¡con impedimenta y espada!». Cuando no tienen compromisos, él y sus amigos ingleses comen a las tres, y harán lo mismo el año siguiente en Nápoles.[71] En la isla habrían comido más tarde, pero en el continente era imposible seguir el horario inglés sin aislarse de la vida en sociedad: en *La feria de las vanidades* de Thackeray, ambientada en 1812-1815, aunque escrita en 1847-1848, hay un personaje que cuando está en el continente almuerza a las dos y media, pero cuando regresa a la isla vuelve al almuerzo de las seis y media.[72]

Desde este punto de vista, Alemania es objeto de grandes críticas. En Berlín, en 1797, John Quincy Adams fue a almorzar con el príncipe Enrique, hermano de Federico el Grande, y anota: «Nos sentamos a comer poco después de las dos, ya muy tarde para ellos, donde se suele comer entre la una y las dos»; dos años más tarde, en Dresde, el ministro de Asuntos Exteriores ofrecerá al embajador ruso una comida de gala ¡a la una![73] En Hamburgo y en

Hannover, en 1802, George Jackson descubre con sorpresa que allí se come a las dos y que aún existe la costumbre de invitar a la gente a cenar. En Berlín, en diciembre del mismo año, las invitaciones para cenar aclaran que son «a las siete en punto, para jugar a las cartas, tomar el té y cenar. A las once se acaba la fiesta, porque en Berlín se madruga mucho».[74] Los alemanes, en definitiva, son gente que vive de manera plácida y anticuada, como se vivía en tiempos de los bisabuelos. En 1822, el escritor americano Washington Irving, acostumbrado a los horarios ingleses, apunta que los «alemanes comen a la una o a las dos, no se lavan hasta después de comer, cenan mucho, pero no muy tarde, se acuestan pronto, se levantan a las seis o las siete». En Dresde lamenta los «horarios primitivos que tiene la alta sociedad de los sajones. El rey come a la una, los nobles jóvenes a las dos, los embajadores extranjeros y los ingleses a las cuatro, y las visitas se hacen a las seis de tarde».[75] Es decir, a la hora en que un inglés bien nacido se viste para la cena.

En la conservadora Alemania, madrugar y comer pronto son pernos inoxidables, incluso en ambientes de clase alta o en la corte, donde no ignoran que la vida social se ha vuelto nocturna. En la corte de Berlín, en 1798, el rey come a la una,[76] la princesa Federica, hermana de la reina Luisa, toma el *déjeuner* a las nueve, el *dîner* a las dos, el té a las seis y media, y el *souper* a última hora de la tarde.[77] Por aquellos años, hacia 1804, Sophie von Löwenstern, una joven noble a la moda, en una jornada tipo toma el *Frühstück* a las nueve, come a mediodía (que puede ser aquí una hora convencional, por lo que es posible que la hora real sean las dos) y cena a las nueve o a las diez de la tarde-noche. No tenían costumbre de cenar después del baile, entrada la noche. En las grandes ocasiones, Sophie cena después de las diez y luego baila hasta las cuatro de la mañana. También los bailes, en Alemania, acaban algo antes que en otros países, y al día siguiente se madruga. En la gran ocasión citada, Sophia se levanta a las once después de bailar hasta las cuatro y sale a dar un paseo; otro día, va a un baile que comienza a las nueve y dura hasta las tres de la madrugada; duerme hasta las once y media, pero lo apunta como hecho excepcional.[78]

La mayoría de los alemanes se mantuvieron fieles a los horarios tradicionales, incluso más que en la corte prusiana, moderadamente amante de lo extranjero. Stendhal relata con incredulidad que en los hoteles alemanes la comida se sirve «*vers les une heure*».[79] Los oficiales de la guarnición de Berlín, a principios del siglo, comen todos los días al mediodía y cenan antes de irse a dormir.[80] No se puede, pues, dejar de ver una influencia cosmopolita en los personajes de los cuentos de Hoffmann, que desayunan con vino y galletas, o con champán y ostras, a las once, y almuerzan a eso de las tres o las cuatro.[81] Y cosmopolitas fueron la corte de Weimar, donde en 1813 George Jackson fue a almorzar «a eso de las tres en punto» *(sic),* y la corte de Darmstadt, donde, en 1814, un *émigré* al servicio de Rusia, el conde de Rochechouart, portador de un mensaje del zar, se vio en un almuerzo a las cuatro; mientras, en Gotha, donde la corte del duque observaba estrictamente «la antigua etiqueta alemana», el almuerzo era a las dos de la tarde.[82]

Durante el siglo XIX, los horarios también se retrasaron en el mundo alemán, pero menos que en otros países. Un manual de conversación alemán impreso en Viena en 1856 presenta como ejemplo la frase «almorzamos a las cuatro», hora que evidentemente se había vuelto habitual incluso entre la burguesía, pero es significativo que indicar la hora a la que una familia come pueda verse como una declaración socialmente relevante.[83] A finales del siglo XIX, horarios como los citados se consideraban típicos de la alta sociedad y suficientes por sí solos para designar un mundo fuera de lo común: en el autobiográfico *Tonio Kröger* (1903), Thomas Mann escribe que

Hans y Tonio tenían tiempo de pasear después de salir de la escuela, porque ambos eran de esas familias en las que no se servía el almuerzo antes de las cuatro. Sus padres eran grandes comerciantes, que ocupaban cargos públicos y eran gente de poder en la ciudad.[84]

La costumbre, incluso entre los alemanes, del desayuno *à la fourchette,* combinada con la persistencia de horarios anticuados y la supervivencia de la cena, significa que en Alemania, para los extranjeros, se come mucho, de ahí el chiste de Quincey según el cual el verdadero comensal alemán come cinco veces al día:

1. *Breakfast early in the morning.*
2. *Breakfast à la fourchette about ten, a. m.*
3. *Dinner at one or two.*
4. *Vesper Brod.*
5. *Abend Brod.*[85]

La verdad es que los dos últimos son solo un tentempié, una especie de merienda a horas de vísperas y de completas, respectivamente. La reina Luisa, en junio de 1806, en el balneario, se levanta a las siete, va al manantial y luego sale a caminar; desayuna a las diez, come a las dos y media; por la tarde, el té; luego, entre las ocho y media y las nueve, se contenta con una taza de caldo y un trozo carne fría, antes de acostarse.[86]

En la vida cotidiana, la costumbre de la cena resiste, incluso en la corte de Berlín, pero es más ligera que el almuerzo: en 1809, un viajero inglés observa que el rey y la reina de Prusia, dada la extrema pobreza en la que se encuentra sumido el país tras la derrota de Jena, se propusieron compartir las penurias de sus súbditos y «comer juntos cuatro platos; para cenar, solo dos».[87]

¿Y Estados Unidos? Hemos visto que Washington Irving consideraba que los horarios alemanes eran provincianos, pero se trataba de un *gentleman* que había vivido mucho tiempo en Inglaterra. Las clases aristocráticas de Nueva Inglaterra tienden a imitar las costumbres inglesas y retrasan la hora del almuerzo, pero sin llegar tan lejos como hacían en Londres. John Quincy Adams, el futuro presidente de Estados Unidos, llevaba un diario en el que, afortunadamente para nosotros, anotaba periódicamente algunos detalles mundanos. Entre finales del siglo XVIII y principios del XIX, Adams se levanta a las seis en verano, trabaja hasta las nueve y desayuna *(breakfast)* a esa hora; por el contrario, en invierno se levanta entre las siete y las ocho y desayuna a las nueve o las diez; después de haber dedicado la mañana *(forenoon)* al trabajo, almuerza habitualmente a las tres y media o a las cuatro, y la ceremonia se demora hasta las cinco (pero, en el caso de comidas de sociedad, incluso hasta las ocho o las nueve); lee y pasea hasta las nueve o las diez, cena muy ligero y se acuesta a las once. Años después, cuando estuvo en Europa con importantes ocupaciones diplomáticas, Adams modificó aún más sus hábitos: en 1809-1810, en San Petersburgo, se levanta a horas muy diferentes, a las ocho, las nueve o incluso las diez, desayuna *(breakfast)* casi siempre a las once, almuerza a las cuatro o las cinco, permanece a la mesa dos o tres horas y luego se ve obligado, con algo de culpa, a participar en reuniones sociales de las que no puede librarse antes de la una o las dos de la mañana y, a menudo, incluso de las cuatro o las cinco. En 1814, en Gante, donde negoció el tratado de paz con Gran Bretaña, las obligaciones mundanas, afortunadamente, no eran comparables, y Adams puede volver a un régimen más saludable: se levanta entre las cinco y las seis de la mañana, desayuna a las nueve y come principalmente a las cuatro o cuatro y media, rara vez a las cinco, y sigue sentado a la mesa hasta las seis o las siete, de modo que ya no cena; se acuesta a las once. En Londres, al año siguiente, cuando está solo sigue almorzando a las cuatro, tres horas antes de que lo hagan sus amigos ingleses. Al regresar a Estados Unidos en 1817, comer a las cuatro era para él lo ideal, y lo conseguía cuando comía con el presidente y los miembros del Gobierno, que acababan las reuniones a esa hora; rara vez lograba salir del despacho antes de las cinco.[88]

Pero estas costumbres aristocráticas no eran habituales en todo el país. En 1830, el escocés Thomas Hamilton se molestó bastante al descubrir que «la hora habitual de comer en Nueva York son las tres de la tarde», e irónicamente lo atribuyó a que los sirvientes se negaban a adoptar «la bárbara novedad de comer a las seis y desayunar a las once».[89] Los frecuentes *public dinners* o *subscription dinners* en Nueva York, Boston o Washington están previstos para las tres o las cuatro de la tarde.[90] Fuera de las metrópolis, los horarios son aún más conservadores. La esposa de Ralph Waldo Emerson, casada en 1835 y que se fue a vivir con él a Concord, Massachusetts, escribe a su hermana poco después de la boda para contarle un día particular: «Rezamos un poco antes de las siete, desayuno a las siete […]. Comemos puntualmente a la una […]. Tomamos el té a las seis».[91] Por aquel entonces, la familia de Andrews Norton, teólogo y profesor de Sagradas Escrituras en Harvard, «se sentó a la mesa a comer a las dos».[92] Un libro de cocina impreso en Nueva York en 1847, interesante, entre otras cosas, por el tono perentorio con el que afirma que los horarios de las comidas son parte del patrimonio cultural de la nación estadounidense, fija el horario de la comida «de la una a las tres», además de confirmar que los «americanos como Dios manda» no cenan, y prefieren tomar el té entre las seis y las ocho.[93] La élite social bostoniana, cosmopolita y educada a la europea, no era en absoluto representativa de los hábitos estadounidenses.

Sin embargo, incluso al otro lado del Atlántico, el reloj no deja de avanzar: en 1905, un libro de cocina asegura que «en Estados Unidos prevalece por lo general comer a las seis», a la vez que el «té de las cinco» solo lo toman las *leisure classes,* que almuerzan incluso más tarde.[94] En Rusia, la moda de comer tarde la siguen ciertos círculos de San Petersburgo, pero de manera mucho menos estricta que los londinenses y parisinos. En Bialystok, Polonia, en 1794, la condesa Branicka almorzaba a las tres, pero era una de las más grandes damas del país, nacida Poniatowska y hermana del último rey de la Mancomunidad polaco-lituana.[95] En 1805, el zar Alejandro I, después de haber informado el día anterior a la condesa Potocka de que le haría el honor de ir a almorzar con ella, se presentó a las cuatro, aunque a las dos ya estaba todo preparado.[96] En los primeros capítulos de *Guerra y paz,* ambientados en tiempos de Alejandro I, en casa de los mundanos Rostov se come a las cuatro, aunque el viejo príncipe Bolkonski, hombre de los tiempos de Catalina la Grande, come a las dos.[97] En 1809-1810, el ministro de Asuntos Exteriores, Rumiántsev, invita a almorzar a las cuatro; el embajador francés lo hace a las tres o tres y media, pero este último, cuando come solo o con íntimos, sigue el horario parisino y almuerza a las cinco. Incluso el embajador danés se mostró desconcertado cuando, después de invitar a la princesa Viazemskaya a almorzar, descubrió que «ella debía comer a las tres, pero él estaba acostumbrado a comer a las cinco».[98] En Rusia, los nuevos horarios no convencieron a la nobleza de provincias: en 1814, en Reval, la actual Tallin, tanto el gobernador de la ciudad, el almirante Spiridonov, como el gobernador de la provincia, el barón Uexküll, comen a la una.[99] En *Un nido de nobles,* publicada en 1858 pero ambientada en 1825, el anglófilo Ivan Petrovič, cuando se aloja en la casa de campo, regresa a las costumbres de la Rusia profunda y vuelve a «comer a las dos».[100] Lo mismo se lee en la Rusia descrita sesenta años después por Saltykov-Ščedrin, pero con la vista puesta en 1825: se come a las dos y se cena a las ocho y media con las sobras recalentadas del almuerzo.

Cuando la familia se traslada a Moscú, la hora de la comida se retrasa a las tres, pero aún es demasiado pronto en comparación con las costumbres de la capital, aunque el amo de la casa, tradicionalista y provinciano, se muestra inflexible, para desesperación de la esposa: «¿Quién come a las tres hoy día?». Incluso en Moscú, los nuevos horarios son habituales solo en casas nobles, no en la del padre de la protagonista, un viejo comerciante: «El abuelo se sienta a la mesa a las doce en punto».[101] A medida que avanzaba el siglo, las comidas se retrasaban aún más: en *Padres e hijos* de Turguénev, novela escrita en 1862 y que retrata la vida provinciana de aquellos años, la comida se sirve a las tres, pero en *Anna Karenina,* publicada a partir de 1875 y ambientada en la alta sociedad de San Petersburgo, los Karenin almuerzan a las cinco de la tarde y durante las vacaciones viven *«tout-à-fait à l'anglaise».* Nos vemos por la mañana para desayunar y luego se va cada cual por su lado… El almuerzo es a las siete».[102] En 1858, Alejandro Dumas, de visita en casa del príncipe gobernador del Cáucaso, señaló que *«on dînait à six».*[103]

En Italia, la clase elegante está más dispuesta a aceptar los nuevos horarios. En Milán, en 1801, Stendhal mantiene fácilmente las costumbres parisinas, incluida la abolición de la cena, al menos a juzgar por el resumen de los gastos diarios: *«Mon dîner 6 lires, mon déjeuner 1 lire».*[104] La comida, sin embargo, no se toma tan tarde como en Londres y París. «Yo almuerzo a las cuatro», anuncia el arrogante y riquísimo conde protagonista de la comedia

Un matrimonio alla moda, representada en Nápoles en 1823.[105] En 1826, Alessandro Manzoni escribe que «nuestra hora habitual son las cinco», lo que da a entender que no todos comparten estos horarios. Seguimos en 1850 en Milán, donde «la alta sociedad suele almorzar a las cinco», y a esta hora se considera «comer tarde», lo que permite acabar el trabajo de la jornada antes de sentarse a la mesa. Las oficinas y los despachos cierran a las cuatro; solo los obreros y los estudiantes, que madrugan y trabajan todo el día, comen al mediodía, algo considerado digno del tiempo de los «bisabuelos», mientras que los señores toman como máximo un tentempié a las once, equivalente a desayunar *à la fourchette.*[106]

Las costumbres de la alta sociedad milanesa, y su justificación, podrían retrotraernos a las discusiones que se mantuvieron unos años antes en París, según las cuales retrasar el almuerzo era ventajoso para el trabajo y se adecuaba a las necesidades de una sociedad moderna donde los horarios de la vida de oficina determinaban los de la vida social. Lástima, sin embargo, que estos hábitos tan sobrios solo los compartieran en el círculo social del conde Manzoni, y únicamente en la metrópoli. En provincias se come antes: en casa de Bassini, presidente de la Cámara de Comercio de Pavía, en 1851, se almuerza a las tres de la tarde.[107] Un médico italiano que visitó Londres en 1830 subrayó el contraste entre los horarios a los que estaba acostumbrado y los de los ingleses, que no le parecían tan virtuosos, porque de hecho lo obligaban a comer más: «Era habitual en Italia, después de un café con yema de huevo y pan por la mañana, comer una sola vez al día, es decir, comer alrededor de las tres de la tarde». En Londres, por el contrario, donde se alojaba en una pensión familiar, «se desayunaba a las nueve, se comía algo a la una de la tarde y almorzábamos a las seis».[108]

También en este caso vemos que adelantar la comida obliga a modificar todo el sistema y añade una comida completamente nueva, que nuestro viajero italiano ni siquiera sabe cómo llamar: «algo». La misma confusión afecta a la división del día: en Roma, en 1832, Belli observa que la costumbre de llamar *dopopranzo* a las horas que van del mediodía a la noche ya no tiene relación con la hora a la que efectivamente se come, y así escribe en un soneto: «Después de comer come don Michele» *(Doppopranzo dà un pranzo er zor Micchele)*.[109]

En la segunda mitad de siglo, la hora de las comidas se sigue retrasando en Italia. En Turín, hacia 1860, se difunde la costumbre de comer a las seis, y es tan nueva que hace que un periódico hable de ello.[110] En Nápoles, con motivo de las elecciones municipales de 1874, los presidentes de las mesas electorales del distrito de Avvocata escribieron una carta abierta a los periódicos para protestar contra la «asquerosísima comida» que les ofrecía el Ayuntamiento; lo que nos interesa es que el almuerzo les llegó «a las seis de la tarde».[111] En 1868, en una comedia publicada en Milán se lee: «Almorzamos a las cinco en punto», tal como don Lisander hacía cuarenta años antes, y en 1884 los condes de Sanvitale desayunaban a las once y almorzaban a las cinco; en resumen, retrasar la comida no era una costumbre generalizada.[112] En 1891, Artusi daba por sentado que después del café de la mañana «según el uso moderno se pasa al desayuno sólido de las once o del mediodía»; para el almuerzo, «que es la comida principal del día», no da un horario habitual, sino un consejo para la salud, que es hacer al menos una digestión de siete horas, por lo que «es conveniente retrasar el almuerzo a las siete».[113]

Los nuevos horarios llegarán más tarde a las clases populares y estas los seguirán durante más tiempo: el milanés Luigi Colombini, hecho prisionero en la batalla de Caporetto, escribió el día de Navidad de 1917 en el campo de concentración de Stendal la crónica de un día marcado por el hambre, y concluye: «A las seis y media, a la hora en que en la vida familiar vamos a la mesa, yo me acuesto en el jergón».[114] Por aquellos años, bajo el mando del general turinés

Cavaciocchi, comandante del IV Cuerpo de Ejército, los horarios habían cambiado casi hasta coincidir con los actuales: en su pesada rutina de oficina, observa el general, «las únicas horas de ocio son las del desayuno y el almuerzo, fijadas para el mediodía y las ocho respectivamente».[115]

VII. PLEBEYOS Y SEÑORES, LA CAPITAL Y LAS PROVINCIAS

Los ejemplos alemanes, rusos e italianos confirman que almorzar tarde es una innovación con fuertes connotaciones y que ayuda a separar las costumbres de la capital de las provincianas, y a distinguir a los señoritos de los campesinos. Incluso en los países donde se originaron, la difusión de los nuevos horarios presenta las mismas limitaciones. En Francia, en 1802, unos burgueses invitaron a almorzar a un extranjero a las tres de la tarde;[116] en la remota Bretaña, en 1804, el *souper* era una costumbre de lo más normal; es más, se servía a las seis de la tarde.[117] Un tema recurrente en las novelas de Balzac son los horarios arcaicos de las comidas en provincias: en la Bretaña donde se desarrolla *Béatrix,* una antigua familia noble local come a las tres, y el autor señala que los horarios de las comidas estaban establecidos por *«règles inflexibles et quasi conventuelles»,* sin duda para que el lector parisino digiriera esos horarios tan anticuados.[118] En *La vieille fille,* Balzac apunta sardónicamente que el *beau monde* de Alençon «comía todavía, en tiempos del Imperio, a las dos de la tarde, pero cenaba»;[119] en *Paysans,* ambientada en Borgoña, «en casa del alcalde, y en toda la ciudad, se comía a las tres, según la costumbre del siglo pasado».[120]

Estos horarios, sin embargo, conciernen a la alta sociedad provinciana, porque un diccionario de 1827 observa que «los jornaleros y la gente del campo han conservado en general la costumbre de comer a las dos de la tarde; por lo que desayunan a las nueve y cenan a las ocho o nueve».[121] En cuanto a los obreros industriales, una obra de 1827 señala con cierta condescendencia que ya no son tan frugales como antaño, que también comen tres veces al día y beben vino las tres veces; pero los hábitos siguen siendo tan diferentes a los de la *bonne compagnie* que, en verdad, desde el punto de vista del antropólogo, podemos hablar de mundos completamente separados: a las nueve de la mañana, «toca sopa, un trozo de buey y vino; a las dos, fruta, queso y más vino; acabada la jornada laboral, un asado o embutidos, o una ensalada, y más vino».[122]

En Inglaterra, la diferencia de horarios es igualmente notable, pero incluso en los hogares de los pequeñoburgueses la hora de la comida se retrasa progresivamente, pues persiguen los horarios de la alta burguesía, aunque nunca los alcanzan. En 1794, en Londres, John Quincy Adams comía a las cinco cuando era invitado por grandes personalidades, pero cuando lo invitaban parientes lejanos venidos de América, el almuerzo era «a las tres y media».[123] En una carta de 1823, Charles Lamb invita a un amigo a almorzar el domingo, precisando: «Comemos a las cuatro en punto»; pero entre semana come en verdad más pronto, pues asegura que «somos gente pasada de moda que toma té a las seis, o no mucho más tarde, y damos cordero frío con pepinillos a las nueve, las buenas costumbres de antaño». De aquí se infiere que no seguir los horarios de la alta sociedad también puede ser una elección identitaria, afirmada con satisfacción.[124] En la casa de Mr. Wickfield, el abogado provinciano de *David Copperfield,* publicado en 1849, el almuerzo es a las cinco.[125] En *Tiempos difíciles,* de 1854, Mr. Bounderby, el industrial hecho a sí mismo, obligado a invitar a comer a un caballero, decide «retrasar el almuerzo hasta las seis y media» *(«postponing the family dinner till half-past six»),* demostración de que suele almorzar antes, pero de que también está al tanto de las costumbres de los caballeros, que son diferentes.[126] En la novela de Thomas Hughes *Tom Brown at Oxford,* publicada en 1861 y ambientada en los años cuarenta, un estudiante recuerda que en casa de su padre, un capitán de marina retirado, «comíamos a las tres […] para adaptarnos al horario del vicario, que venía de invitado con frecuencia». A los ojos del joven, comer a las tres es horario propio de bárbaros; al regresar a casa para las vacaciones, insiste en cambiarlo, y en las cartas a los amigos cuenta cómo pasa las tardes «después de comer, que comemos a una hora primitiva, las cinco. Antes comíamos a las tres, pero mi padre se ha adaptado ahora al horario universitario», sin conseguir agradar al hijo, que quisiera comer aún más tarde. Hay aquí una contradicción: en otro párrafo, el protagonista admite que, efectivamente, en Oxford se cena a las cinco, y opina que en la universidad se observan *«very gentlemanly hours»*;[127] pero sabemos ya lo suficiente como para adivinar que, en las cartas que manda desde casa, el joven quería maravillar a sus amigos y demostrarles que tiene gustos verdaderamente aristocráticos, por lo que debe fingir que incluso comer a las cinco es demasiado pronto para él.[128]

El populacho siempre va retrasado. En *Cumbres borrascosas,* publicada en 1847 y ambientada en 1801 entre *gentry* de Yorkshire, el protagonista observa: «Como entre las doce y la una; el ama de llaves, una matrona […] no pudo o no quiso atender mi solicitud, la de que me sirvieran a las cinco».[129] Para quienes no pertenecen a la *working class,* mantener horarios tan arcaicos es un indicio de algún problema: en 1855 Dickens, a propósito de una familia extremadamente ahorradora, incluso avara, subrayaba: «Solían comer a la una».[130] Otra vez Dickens: en *La pequeña Dorrit,* el padre del protagonista, repentinamente salido de la cárcel donde cumplía condena por deudas y devenido un caballero rico, decide ofrecer un gran almuerzo a los demás prisioneros, con quienes ha compartido décadas de prisión; pero «el señor Dorrit no participó en el almuerzo, que tuvo lugar a las dos de la tarde; a él se lo trajeron a las seis del restaurante».[131]

La distancia entre los hábitos de las clases altas y los de la gente común es tan clara que en un país con tanta «conciencia de clase» como Inglaterra ha llegado al diccionario. Fiel a la tradición, el *Oxford English Dictionary,* en la reimpresión de 1967, define *dinner* como la comida principal del día: «se comía originalmente —y todavía lo hacen muchos— hacia el mediodía, pero ahora las clases elegantes [*fashionable classes*] lo hacen avanzada la tarde [*in the evening*]». Y dado que el almorzar tarde era un signo de buena posición social, es inevitable que la persecución horaria continuara incluso después de mediados de siglo. Se ha visto que el debate en la Cámara de los Comunes daba por sentado que los «honorables diputados» se ausentaban para ir a comer «entre las siete y media y las nueve».[132] Cuando, en una novela publicada en 1865, un lord advierte a su nuevo secretario que «comemos a las seis en punto», debemos deducir que se trata de un tradicionalista.[133] Pero, aun así, parece ser que los diputados cenaban especialmente tarde, porque en otros casos la hora habitual eran las siete: en *Nuestro común amigo,* de Dickens, publicada en 1864, el señor Podsnap, encarnación del filisteo rico hombre de negocios, piensa que la gente como Dios manda no puede no comer a las siete; asimismo, el refinado protagonista de *El club de los suicidas* de Stevenson (1878) «bajó furtivamente a cenar sobre las siete de la noche [*night*]».[134] A quien le parece importante decirnos que almuerza tarde, inevitablemente se adapta: en 1909 se publica una comedia de Angela Cudmore titulada *Comemos a las siete.* Para los pobres, sin embargo, es normal mantener los horarios de antaño. En la novela de Morley Roberts *A Tramp's Notebook,* publicada en 1904 y ambientada entre los marineros de Hull, el protagonista recuerda que en la *boarding-house* donde vivía cuando estaba en tierra «acostumbrábamos a comer a la una».[135]

VIII. EL RESULTADO: UN DESBARAJUSTE LÉXICO

La transformación del sistema de comidas tuvo consecuencias léxicas cuyos efectos todavía se dejan ver hoy. El primer problema apareció con el triunfo del desayuno *à la fourchette*. ¿Cómo distinguir este segundo *déjeuner,* más sustancial, del refrigerio que tomamos nada más despertarnos y que hasta entonces siempre se había llamado *déjeuner*? En Italia, aparte del obsoleto galicismo *desinare,* no se ha encontrado nada mejor que *prima colazione* y *seconda colazione.* Pero hemos de saber que el habla, aunque acepte a veces el primer sintagma, rechaza radicalmente el segundo. En Inglaterra se utilizó largamente el *breakfast,* pero luego hubo la necesidad de crear un término específico y se le dio valor institucional a lo que antes era un tentempié, el *lunch.* Pero tengamos en cuenta que el *breakfast,* que ha vuelto a ser lo que se toma nada más levantarse, tiene aún la nueva connotación de comida caliente de cuchara, cuchillo y tenedor, que hoy separa tan claramente las costumbres de los países anglosajones de las de los países latinos.[136] Así describe una novela de 1891 el sistema de comidas a bordo de un crucero:

Dijo que para el desayuno [*breakfast*] habría pescado, seguido de parrillada. El almuerzo [*lunch*] fue a la una y consistió en cuatro platos. Comida [*dinner*] a las seis: sopa, pescado, plato principal, salsa, carne de pluma, ensalada, dulces, queso y postre. Y una ligera cena [*supper*] con algo de carne a las diez.[137]

El sistema francés actual, que distingue entre *petit déjeuner* y *déjeuner,* tardó en tomar forma. En *Eugénie Grandet,* escrita en 1833 pero ambientada en provincias en 1818, Balzac escribe: «Desayunamos a las ocho. A mediodía comemos algo de fruta, un mueso de pan y bebemos un vaso de vino blanco: luego, comemos a las cinco, como los de París». Ahora bien, al tentempié de mediodía lo llama el viejo Grandet *le second déjeuner,* mientras que para Balzac es el *déjeuner de midi.*[138] La obra de Caillot sobre usos y costumbres de los franceses (1827) apunta:

Hoy en día, en París, se hacen generalmente dos almuerzos, el primero a las nueve, con chocolate o café, y el segundo, entre el mediodía y la una, con embutidos o carne caliente, que a veces van precedidos de unas ostras, cuando es temporada, o anchoas y sardinas. A este almuerzo lo llamamos *déjeuner à la fourchette*.[139]

En resumen, durante mucho tiempo, en la conciencia de los hablantes, el *déjeuner* sin más calificativos sigue siendo el refrigerio que se toma nada más despertarse, y es el del final de la mañana el que requiere una mayor definición. Puede ser que la dulce solución del sintagma *petit déjeuner* (y la abreviatura *petit-déj*), que el *Dictionnaire de l'Académie Française* certifica solo en la edición de 1985 (no aparecía en la anterior de 1935), contribuyese a inclinar la balanza en la otra dirección.[140]

El segundo problema léxico es consecuencia de que, a fuerza de retrasarla, la comida ha alcanzado la hora a la que antes se servía la cena. En Francia, en la década de 1870, Flaubert anotó en su *Dictionnaire des idées reçues*:

CENA. Antes se comía a mediodía, ahora comemos a horas imposibles. La comida de nuestros padres era nuestro desayuno, y nuestro desayuno era su comida. Se come tan tarde que no se llama comida, sino cena [*souper*].

Han pasado ciento cincuenta años, pero los hablantes francófonos no han dejado de discutir el asunto, la mutación semántica. En un hilo de discusión de un foro de Internet (2012) se lee:

—Cenar es una impropiedad heredada de los parisinos. Fuera de París, comemos al mediodía y cenamos por la noche…

—En mi familia incluso llamábamos *déjeuner* al *petit déjeuner.* Si hoy digo *petit déjeuner,* no sé si es por la influencia de la vecina Francia en la lengua de los ginebrinos…

—*Petit déjeuner* por la mañana, el almuerzo al mediodía, la cena por la tarde y la cena después de las diez de la noche son horas fundacionales de «parisianismo». Recuerdo que, en mi infancia provinciana, desayunábamos por la mañana, comíamos al mediodía, cenábamos por la noche, sin obsesionarnos por la hora. Es cierto que desde hace mucho tiempo los parisianismos han invadido buena parte de Francia…

—En el cantón de Vaud, a veces decimos *petit déjeuner* para lo de antes de la comida, pero al mediodía se come y por la noche se cena…[141]

En otro foro se subrayaba en 2006 que, en la Francia profunda, las personas mayores llaman *souper* a la cena, y más en el campo que en la ciudad. Algunos dudan de la supervivencia de *dîner* para la comida del mediodía, lo que resultó en una ráfaga de correcciones:

—En el Tarn, al menos cuando yo era joven, comíamos [*on dînait*] a mediodía…

—En casa (sureste), llamamos *dîner* a comer a mediodía. En casa, cuando yo era pequeña, simplificábamos aún más la vida: comida, mediodía y noche [*dîner, midi et soir*].

—En Quebec, repositorio del idioma de antaño, decimos: *déjeuner* para lo que en Francia llaman *petit déjeuner*; *dîner* para lo que en Francia llaman *déjeuner*; *souper* para lo que en Francia llaman *dîner*…

—En Provenza, cuando era niño oí llamar *dîner* a la comida del mediodía y *souper* a la de la noche (lo decían personas muy mayores). No lo oigo desde hace al menos veinte años.

—En la Suiza francófona […] el *dîner* es siempre al mediodía y el *souper* por la noche.

—En el suroeste (cerca de Burdeos, por ejemplo), *on dîne* al mediodía, *on soupe* por la noche.

—Hoy, en Provenza, jóvenes y viejos, de origen modesto o rico, *déjeunent* por la mañana, ya que rompen el ayuno. Al mediodía, los provenzales *dînent* y por la noche, por regla general, nos invitan a *souper*.

—En Gironda, en los años cincuenta, mi madre, como la mayoría de la gente, llamaba *dîner* al almuerzo de mediodía y *souper* a la cena.[142]

Obsérvese también la fuerte crítica al centralismo lingüístico parisino en un blog francófono canadiense, del que extraigo esta aportación: «En mi familia, las expresiones *déjeuner, dîner* y *souper* se utilizaron hasta principios del siglo, pero las nuevas generaciones han impuesto la nueva moda: *petit-déjeuner, déjeuner* y *dîner*».[143]

El aspecto más destacado de estas discusiones es que, en ningún caso, la entidad o consistencia de la comida tiene importancia alguna para los hablantes: no se dice lo que la gente hace, es decir, si comes más a mediodía o por la noche, sino cómo llama la gente a una comida o a la otra. Los nombres se utilizan solo como indicadores horarios, en una sociedad en la que básicamente la costumbre más difundida parece ser la de dos comidas al día de una consistencia más o menos parecida; aunque en los días de hacienda las exigencias de la jornada intensiva y de una pausa breve para comer[144] han provocado un desequilibrio del que solo los historiadores del futuro podrán estudiar las consecuencias.

En Italia, donde no hay un centro regulador de los usos lingüísticos (como lo son Londres o París), el mismo factor ha traído consecuencias diferentes, es decir, que el *pranzo,* que ha pasado a celebrarse a las ocho o a las nueve de la tarde-noche, tiende a llamarse *cena,* lo que hace que la palabra *pranzo* designe la ingesta del mediodía, que solo en ambientes formales se denomina *colazione.* Dicho de otra manera, se ha cerrado el círculo y hemos vuelto al punto inicial, por lo que si comparamos nuestros horarios y nuestros léxicos con los de Goldoni podríamos quedarnos con la sensación, completamente falaz, de que nada haya cambiado desde entonces. En realidad, la vuelta al punto de partida ha sido posible porque en el siglo xx —y no pasaba en los siglos anteriores— la costumbre alimentaria italiana se ha sostenido fundamentalmente en dos comidas más o menos equivalentes.

La cuestión acaba por traer de cabeza a algunos lexicógrafos. Para los del diccionario Zingarelli, por ejemplo, *colazione* es «una comida ligera por la mañana» y también la «comida del mediodía, segunda comida de la jornada», y en esta segunda acepción es sinónima de *pranzo* y de *seconda colazione;* en todo caso, hace referencia solo y siempre a los horarios, en cuanto «comida principal del día». Llama la atención que el lexicógrafo, por miedo a parecer ordinario, no se haya atrevido a decir que en el habla del 99% de los italianos el *pranzo* es la comida de mediodía, principal o no. Así lo prueba el hecho de que la película francesa *Le dîner de cons* se tradujo puntualmente al italiano como *La cena dei cretini.* Pero las incongruencias de las definiciones de los diccionarios son una característica común en las principales lenguas europeas, así como la desesperación que dejan entrever las publicaciones en Internet de los hablantes interesados en la cuestión y que no consiguen encontrar un hilo conductor que les aclare las cosas, salvo el descubrimiento de que en todas partes cuecen habas. «Ellos tienen un lío parecido al nuestro», se lee en castellano, a propósito de los anglófonos, en la entrada dedicada a los nombres de la comida en un blog venezolano.[145] Efectivamente, un artículo de *History Magazine* constata que «algunos comemos [*have dinner*] a las ocho, a la vez que otros cenan [*have supper*] a las cinco».[146] Por su parte, en la bbc se lamentan: «Los términos para designar las comidas en el Reino Unido se confunden todavía. Para algunos, *lunch* equivale a *dinner,* y viceversa».[147]

La confusión, que es asunto de lingüistas, es una de las consecuencias tangibles del cambio de costumbres que se produjo entre la Revolución francesa y la Primera Guerra Mundial. No olvidemos el punto de esnobismo que envuelve la cuestión, no el de nombrar los horarios de las comidas —que en la sociedad de masas se han uniformado y son casi iguales para todos—, sino el de preferir unas palabras a otras. En un viejo y memorable programa de radio, muchas veces repuesto, Alberto Arbasino fingía entrevistar a Luis ii, el peculiar rey de Baviera. El rey explicaba los espectáculos que se celebraban a medianoche en el lago de Linderhof, e inmediatamente Arbasino pedía información: «¿Comía antes o después del baile, majestad?». Al rey le alegraba muchísimo que le hicieran la pregunta: «¡Menos mal! Menos mal, amigo mío, que dice "comía" y no "cenaba", como dicen siempre esos ordinarios italianos»,[148] y entiéndase por ordinarios la gente poco chic —es decir, la gran mayoría de la población— que llama *colazione* al café de por la mañana, *pranzo* a la comida del mediodía y *cena* a la nocturna. Si no fuera porque, en el siglo XIX, sentarse a la mesa a medianoche era sentarse a cenar, incluso en el ambiente más chic. Por tanto, Arbasino cometió exceso de esnobismo y deturpó la etiqueta.

Bibliografía

Addison, H. R., *Behind the Curtain,* Londres, 1865.

Andrews, A., *The Eighteenth Century: Or, Illustrations of the Manners and Customs of our Grandfathers,* Londres, 1856.

Annali Universali di Medicina, 56.166 (octubre de 1830).

Arbasino, A., *Le interviste impossibili,* Milán, 1975.

Artusi, P., *La scienza in cucina e l'arte di mangiar bene,* edición digitalizada en [www.pellegrinoartusi.it/]. Hay edición española como *La ciencia en la cocina y el arte de comer bien,* J. Barría Aguiló (tr.), Alba, Barcelona, 2010.

Bailleu, P., *Der Preussische Hof im Jahre 1798,* Berlín, 1898.

Balzac, H. de, *Eugénie Grandet* (1833), en Id., *La Comédie humaine,* iii, París, 1976. Hay edición española en *La Comedia humana,* vi, A. Garzón del Camino (tr.), Hermida, Madrid, 2019.

Balzac, H. de, *La vieille fille* (1836), en Id., *La Comédie humaine,* iv, París, 1976. Hay edición española como *La solterona,* en *La Comedia humana,* vii, A. Garzón del Camino (tr.), Hermida, Madrid, 2018.

Balzac, H. de, *Béatrix* (1839), en Id., *La Comédie humaine,* ii, París, 1976. Hay edición española como *Beatriz,* en *La Comedia humana,* iv, A. Garzón del Camino (tr.), Hermida, Madrid, 2016.

Balzac, H. de, *Les Paysans* (1844), en Id., *La Comédie humaine,* ix, París, 1978. Hay edición española como *Los campesinos,* en *La Comedia humana,* xiv, A. Garzón del Camino (tr.), Hermida, Madrid, 2021.

Bath Archives, [The]. A further Selection from the Diaries and Letters of Sir George Jackson, k.c.h., Londres, 1873.

Bezzola, G., *La vita quotidiana a Milano ai tempi di Stendhal,* Milán, 1991.

Boniface, A., *Manuel des amateurs de la langue française,* i-ii, París, 1814.

Boswell, J., *Boswell on the Grand Tour. Germany and Switzerland 1764,* F. A. Pottle (ed.), Nueva York-Toronto-Londres, 1953.

Bowring, J., *Memoirs of Jeremy Bentham, Including Autobiographical Conversations and Correspondence,* Edimburgo, 1843.

Bray, S. von, «Aus der Berliner Hofgesellschaft der Jahre 1805 und 1806», *Deutsche Rundschau,* 5 (1903).

Briefwechsel der Königin Luise mit ihrem Gemahl Friedrich Wilhelm iii, 1793-1810, K. Griewank (ed.), Leipzig, 1929.

Brontë, E., *Wuthering Heights,* edición digitalizada en [www.gutenberg.org/files/768/768-h/768-h.htm]. En castellano, véase, por ejemplo, *Cumbres borrascosas,* R. Santervás (tr.), A. J. Navarro (intr.), Valdemar, Madrid, 2026.

BUFFON, H. N. DE, *Correspondance inédite de Buffon,* I-II, París 1860, citado de la edición digitalizada en [www.buffon.cnrs. fr/correspondance].

CAILLOT, A., *Mémoires pour servir à l'histoire des mœurs et usages des Français,* I-II, París, 1827.

CAVACIOCCHI, A., *Un anno al comando del IV Corpo d'armata,* A. Ungari (ed.), Udine, 2006.

COSENZA, G. C., *Un matrimonio alla moda,* Nápoles, 1824.

CROWEN, T. J., *American System of Cookery,* Nueva York, 1847.

Diaries and Letters of Sir George Jackson, K. C. H., The, I-II, Londres, 1872.

DICKENS, Ch., *Bleak House,* edición digitalizada en [www. gutenberg.org/files/1023/1023-h/1023-h.htm]. En castellano, véase *Casa desolada,* M. Temprano (tr.), Alba, Barcelona, 2025.

DICKENS, Ch., *David Copperfield,* edición digitalizada en [www.gutenberg.org/files/766/766-h/766-h.htm]. En castellano, véase, por ejemplo, la traducción de M. Salís en Alba, Barcelona, 2025.

DICKENS, Ch., *Hard Times,* edición digitalizada en [www. gutenberg.org/files/786/786-h/786-h.htm]. En castellano, véase *Tiempos difíciles,* J. L. López Muñoz (tr.), Alianza Editorial, Madrid, 2010.

DICKENS, Ch., *Little Dorrit,* edición digitalizada en [www. gutenberg.org/files/963/963-h/963-h.htm]. En castellano, véase *La pequeña Dorrit,* I. Attrache y C. Francí (trs.), Alba, Barcelona, 2017.

Dickens, Ch., *Our Mutual Friend,* edición digitalizada en [www.gutenberg.org/ebooks/883]. En castellano, véase *Nuestro amigo común,* D. Alou (tr.), Penguin Clásicos, Barcelona, 2016.

Dictionnaire de la conversation et de la lecture, xix, París, 1835.

Dictionnaire de l'Académie Française, 9ᵉ edición, París, 1985 [cfr., en línea, rouleaum.wordpress.com/2014/06/09/dejeuner-diner-souper-1de-4/].

Dulaure, J.-A., *Histoire physique, civile et morale de Paris,* i-x, París, 1821.

Dumas, A., *Le Caucase,* París, 1859. En castellano, puede verse *Leyendas del Cáucaso y de la estepa,* G. Cantera (tr.), Siruela, Madrid, 2005.

«Extracts from the Journal of a Nervous Man», *Ward's Miscellany and Family Magazine,* i (1837), pp. 465-466.

Filippi, D. A., *Manuale della conversazione tedesca: Coll'aggiunta di esercizj grammaticali,* Viena, 1856.

Flaubert, G., *Madame Bovary,* edición digitalizada en [https://flaubert.univ-rouen.fr/œuvres/œuvres-publiées/madame-bovary/]. En castellano, véase, por ejemplo, la edición de G. Palacios, Cátedra, Madrid, 1996.

Gibelli, A., *La guerra grande. Storie di gente comune,* Roma-Bari, 2014.

Goldoni, C., *Memorie per l'istoria della sua vita e del suo teatro rivedute e corrette,* F. Costero (tr.), Milán, 1908.

Hamilton, Th., *Men and Manners in America,* Philadelphia, 1833.

HAMILTON, Th., *Les hommes et les moeurs aux États-Unis,* Bruselas, 1834.

HEINE, H., *Visioni di viaggio,* Milán, 1995.

HERRICK, Ch. T., *Consolidated Library of Modern Cooking and Household Recipes,* Nueva York, 1905.

HEWLETT, J. Th. J., «The Life and Times of Peter Priggins, College Scout and Bedmaker», IV, *The New Monthly Magazine and Humorist,* 59 (1837), pp. 484-501.

HORT, W. J., *An Introduction to English Grammar,* Londres, 1822.

Household Words, 12 (1855-1856), en [www.djo.org.uk/householdwords/volume-xii/23688.html].

HUGHES, Th., *Tom Brown at Oxford,* Cambridge-Londres, 1861.

IRVING, W., *Journals and Notebooks, II: 1807-1822,* Madison, 1981.

IRVING, W., *Journals and Notebooks, III: 1819-1827,* Madison, 1970.

JEROME, J. K., *Three Men in a Boat,* edición digitalizada en [www.gutenberg.org/files/308/308-h/308-h.htm].

JONES, J., *Da qui all'eternità,* C. Ujka (tr.), Vicenza, 2012. Hay edición española como *De aquí a la eternidad,* I-II, F. Mazia (tr.), Bruguera, Barcelona, 2006.

Journal et anecdotes intéressantes du voyage de Monsieur le comte de Falckenstein, Frankfurt-Leipzig, 1777.

Letters of John B. S. Morritt of Rokeby, The, Cambridge, 1914.

Lettres de la marquise du Deffand à Horace Walpole, I-IV, París, 1824.

MALINOVSKIJ, V., *Un russo in Inghilterra,* P. Ferretti (ed.), Como, 1999.

Mandeville, B., *A Treatise on the hypochondriack and hysterick passions,* Londres, 1711.

Mann, Th., *Tonio Kröger,* en *Neue Deutsche Rundschau,* 2 (1903), pp. 113-151. Hay edición española en Id., *Señor y perro, Tonio Kröger, Tristan,* O. Strunk (tr.), Edhasa, Barcelona, 2015.

Mann, Th., *Der Zauberberg,* Berlín, 1924. Hay edición española como *La montaña mágica,* I. García Adánez (tr.), Debolsillo, Barcelona, 2022.

Marenco, L., *Celeste. Idillio campestre in quattro atti,* Milán, 1868.

Mémoires de la comtesse Potocka (1794-1820), C. Stryienski (ed.), París, 1911.

Mémoires du comte Dufort de Cheverny, París, 1909.

Mémoires et mélanges historiques et littéraires, par le Prince de Ligne, i-ii, París, 1827.

Memoirs of John Quincy Adams: Comprising Portions of his Diary from 1795 to 1848, i-xii, Ch. F. Adams (ed.), Filadelfia, 1874-1877.

Memoirs of the Life and Writings of Edward Gibbon, O. Farrar (ed.), Boston-Londres, 1898.

Mikaberidze, A., *Russian Eyewitness Accounts of the Campaign of 1812,* Londres, 2012.

Mikaberidze, A., *Russian Eyewitness accounts of the campaign of 1814,* Barnsley, 2013.

Montanari, M., *Gusti del Medioevo,* Roma-Bari, 2012.

Montholon, Ch. T. de, *Récits de la captivité de l'Empereur Napoléon à Sainte-Hélène,* París, 1847.

Nievo, I., *Le confessioni di un italiano,* Einaudi, «I Millenni», Turín, 1995; edición digitalizada en [www.letteraturaitaliana. net/pdf/Volume_8/t230.pdf]. En castellano, véase *Confesiones de un italiano,* J. R. Monreal Salvador (tr.), Acantilado, Barcelona, 2008.

Noël, F.-J.-M., *Nouveau dictionnaire des origines, inventions et découvertes,* i-ii, París, 1827.

Pariset, M., *Nouveau manuel complet de la maîtresse de maison, ou lettres sur l'économie domestique, par Madame Pariset* [1821], París, 1852.

Parquin, Ch., *Souvenirs et campagnes d'un vieux soldat de l'Empire,* París, 1892.

Piketty, Th., *Le Capital au XXIᵉ siècle,* París, 2013.

Quincey, Th. de, *The Last Days of Immanuel Kant,* edición digitalizada en [https://archive.org/details/in.ernet.dli.2015. 92052/page/n111/mode/2up]. Hay edición española como *Los últimos días de Immanuel Kant,* J. García Olmedo (tr), Firmamento, Cádiz, 2021.

Reichardt, J. F., *Un hiver à Paris sous le Consulat, 1802-1803,* París, 1896.

Roberts, M., *A Tramp's Notebook,* Londres, 1904, edición digitalizada en [https://www.gutenberg.org/ebooks/25190].

Sallentin, L., *L'improvisateur français,* i-xxi, París, 1804-1806.

Saltykov-Ščedrin, M., *Fatti d'altri tempi nel distretto di Pošechonje,* G. Venturi (tr.), Macerata, 2013.

Scarpellini, E., *L'Italia dei consumi. Dalla belle époque al nuovo millennio,* Roma-Bari, 2008.

Selected Letters of Lidian Jackson Emerson, The, D. Bird Carpenter (ed.), Columbia, 1987.

STENDHAL, *Diario,* E. Rizzi (ed.), Turín, 1977. Hay edición española, en curso, publicada en Oviedo por KRK Ediciones: *Vol. 1 (1801-1805),* O. Novo Presa (tr.), 2015; *Vol. 2, 1805,* M. Acevedo (tr.), 2021; *Vol. 3, 1806 a 1810,* D. Rodríguez García (tr.), 2024.

STEVENSON, R. L., *The suicide club,* edición digitalizada en [archive.org/details/suicideclub00steviala]. En castellano, véase, por ejemplo, *El club de los suicidas,* P. Alonso Maldonado (tr.), Eneida, Madrid, 2016.

SUCKOW, K. F. E. von, *Fragments de ma vie. D'Iéna à Moscou,* París, 1901.

THACKERAY, W. M., *Vanity Fair,* edición digitalizada en [www.gutenberg.org/ebooks/599]. En castellano, véase, por ejemplo, *La feria de las vanidades. Novela sin héroe,* J. A. Álvarez Amorós (ed.), M. Rodríguez Espinosa (tr.), Cátedra, Madrid, 2000.

THIÉBAULT, D, *Frédéric le Grand ou Mes souvenirs de vingt ans de séjour à Berlin,* I-V, París, 1827.

TOLSTÓI, L., *Guerra e pace,* E. Carafa d'Andria y L. Ginzburg (trs.), Turín, 1942. En castellano, véase, por ejemplo, *Guerra y paz,* I. Andresco Kuraitis (tr.), Alianza Editorial, Madrid, 2015.

TOLSTÓI, L., *Anna Karenina,* L. Ginzburg (tr.), Turín, 1945. En castellano, véase, por ejemplo, la traducción de J. López Morillas en Alianza Editorial, Madrid, 2021.

Turguénev, I. S., *Un nido di nobili,* M. Miro (tr.), Milán, 1975. En castellano, véase *Nido de nobles,* J. Fernández-Valdés (tr.), Alba, Barcelona, 2023.

Turguénev, I. S., *Padri e figli,* L. Simoni Malavasi (tr.), Milán, 1983. En castellano, véase *Padres e hijos,* J. Fernández-Valdés (tr.), Alba, Barcelona, 2015.

Turner, J., *The Liberal Education of Charles Eliot Norton,* Baltimore-Londres, 1999.

Une jeune fille au XVIIIe siècle. Lettres de Geneviève de Malboissière à Adelaïde Méliand, 1761-1766, A. de Luppé (ed.), París, 1925.

Viaggiatori del Settecento, L. Vincenti (ed.), Turín, 1950.

Viaggio elettorale di Francesco De Sanctis [Il]. Il dossier Capozzi e altri inediti, A. Marinari (ed.), Florencia, 1973.

Works of Charles and Mary Lamb, The, VI: *Letters 1821-1842,* E. V. Lucas (ed.), Londres, 1905.

Notas

Premisa

[1]   En algunas zonas de España, todavía son intercambiables las expresiones «desayuno», «almuerzo», «comida». La duda viene de lejos y el primer volumen del llamado *Diccionario de autoridades* decía en 1726: «ALMUERZO. s. m. El primer alimento que se come por la mañana, y con el cual uno dexa de estar ayuno, por lo que también se llama desayuno. Regularmente suele ser de cosa ligera y en poca cantidad. El origen de esta voz según discurre Covarrubias viene del nombre Latino *Morsus,* que significa bocado, y como de ordinario lo mas [*sic*] común entre la gente popular el desayuno es de un bocado de pan, tanto que para expresarle dicen: Vamos a tomar un bocado: con el artículo "Al" se pudo formar *Almorsus,* y después corrompido quedar en Almuerzo». La edición de 2023 del *Diccionario de la Lengua Española* (DLE) mantiene la alternancia: «ALMUERZO: 1. m. Comida del mediodía o primeras horas de la tarde. 2.m. Comida que se toma por la mañana». *(Nota del editor español).*

1. El horario de las comidas en el siglo XVIII

[2]   C. GOLDONI, *Memorie…* [1908, parte I, capítulo LII].

[3]   *Idem, ibidem,* parte III, capítulos VIII, X, XXXVIII. Comida a las dos y cena a las diez era el ritmo de comidas habitual hacia 1760 en una familia de *gens de finance;* cfr. *Une jeune fille…* [1925:8].

⁴ *Mémoires du comte Dufort de Cheverny...* [1909:391].

⁵ J. Boswell, *Boswell on the Grand Tour...* [1953:256-263].

⁶ *Lettres de la marquise du Deffand...* [1824:II, carta 138, p. 319].

⁷ A. Andrews, *The Eighteenth Century...* [1856:9-11].

⁸ «*The dean, who used to dine at one, | is mawkish, and his stomach's gone*». Incluso el rico burgués protagonista del *Trattato sull'isteria* de Mandeville (1711) invita a comer con esta declaración: «*My usual hour is one*»; B. Mandeville, *A Treatise on the Hypochondriack...* [1711:154].

⁹ J. Boswell, *Boswell on the Grand Tour...* [1953:109, 127 y 256].

II. ¿La comida de mediodía o la comida más importante?

¹⁰ Stuart J. Woolf y Keith Lowe, conversación mantenida con el autor en Cherasco (Piamonte) el 30 de junio de 2015.

¹¹ Cfr. la edición digitalizada en [www.pellegrinoartusi.it/]. Un menú veraniego (agosto) constaba de pasta con caldo del cocido, melón con jamón, ternera hervida con judías verdes, *vol-au-vent* rellenos de menudillos, costillas de ternera con jamón, pavo asado con ensalada, *bavaroise* y fruta de temporada. Del libro de Artusi hay edición española como *La ciencia en la cocina y el arte de comer bien*, J. Barría Aguiló (tr.), Alba, Barcelona, 2010.

¹² D. Thiébault, *Frédéric le Grand ou Mes souvenirs...* [1827:I, 127, 260, 267-268].

¹³ Th. de Quincey, *The Last Days of Immanuel Kant...*, *passim*.

¹⁴ H. N. de Buffon, *Correspondance inédite...* [1860], en [www.buffon.cnrs.fr/correspondance], L254, L359.

¹⁵ C. Goldoni, *Memorie...* [1908, parte III, capítulo XXXVIII].

¹⁶ M. Saltykov-Ščedrin, *Fatti d'altri tempi...* [2013:66].

¹⁷ Hay muchísimos ejemplos. Entre los textos consultables en línea, véase *Journal et anecdotes intéressantes du voyage de Monsieur le comte de Falckenstein* [1777], y la referencia de Ippolito Nievo a «*i lunghi dopopranzi della vernata al tempo de la mia infanzia*», en el primer capítulo de las *Confessioni di un italiano*.

¹⁸ *Viaggiatori del Settecento* [1950:282].

¹⁹ V. Malinovskij, *Un russo in Inghilterra* [1999:106].

²⁰ «*My usual hour is five*». J. Bowring, *Memoirs of Jeremy Bentham…* [1843:287].

²¹ «*Dined quite cozily and* en famille *at five o'clock with the Duchess of Leeds*». Los diarios de Adams son inmensos y han sido editados parcialmente. Citamos de *Memoirs of John Quincy Adams: Comprising Portions of his Diary* [24 de octubre de 1794].

²² *The Bath Archives…* [1873:1, 76 y 436]: «*That you postpone your dinner hour from five to half past*».

²³ *Ibidem*, I, p. 77. El duque murió en 1799.

²⁴ W. J. Hort, *An Introduction to English Grammar* [1822].

²⁵ W. Thackeray, *Vanity Fair* [capítulos XII, LXI]. En la casa igualmente burguesa de los Osborne, el padre se niega, a las cinco, a retrasar la comida y a esperar al hijo (XIII). Otros que pertenecen al mismo ambiente mandan invitaciones a comer a las cinco y media (XXIV). Cfr. *Bleak House* de Dickens, aparecido en 1852, donde la familia de Mrs. Jellyby come a las cinco (IV).

²⁶ Las referencias a Adams, recurrentes aquí, se toman de las *Memoirs of John Quincy Adams: Comprising Portions of his Diary.* Cuando George Jackson, el 5 de diciembre de 1807, anota en el diario una invitación a un «*three o'clock dinner*» en casa de la duquesa de Brunswick, lo insólito de la hora se remarca y no pasa inadvertido, *The Diaries and Letters of Sir George Jackson* [1872:II, 231].

²⁷ *The Director,* 21 de marzo de 1807. Además, M. Montanari, *Gusti del Medioevo* [2012:53], señala que entre la Edad Media y la Edad Moderna «una marca de la diferencia social […] consiste en retrasar los horarios de las comidas», con banquetes señoriales que comienzan bastante después del mediodía o muy avanzada la tarde.

²⁸ J. Th. J. Hewlett, *The Life and Times of Peter Priggins…* [1837:487].

²⁹ *Ward's Miscellany and Family Magazine,* 1 (1837), p. 465.

³⁰ Cfr., en línea: [hansard.millbanksystems.com/commons/1863/jul/15/resolution-adjourned-debate].

IV. LOS NUEVOS HORARIOS Y REFLEXIONES SOBRE LAS CAUSAS

³¹ F.-J.-M. NOËL, *Nouveau dictionnaire…* [1827:II, *repas*, p. 522].

³² *The Diaries and Letters of Sir George Jackson* [1872:I, 43]: «… *for the dinner, which was at six; the French, generally, having given up the custom of dining earlier*».

³³ J. F. REICHARDT, *Un hiver à Paris…* [1896:22].

³⁴ *Nouveau manuel complet de la maîtresse de maison…* [1852:58].

³⁵ A. CAILLOT, *Mémoires…* [1827:II, 146].

³⁶ Salvo en Nueva York, donde en 1830 el escocés Thomas Hamilton descubrió con gran sorpresa que «los caballeros regresan casi todos a sus asuntos por la noche [*evening*]», *Men and Manners in America* [1833:68].

³⁷ J.-A. DULAURE, *Histoire physique…* [1821:V, 587].

³⁸ A. CAILLOT, *Mémoires…* [1827:II, 142 ss].

³⁹ *Mémoires de la comtesse Potocka* [1911:261, 275-277].

⁴⁰ A. MIKABERIDZE, *Russian Eyewitness…* [2012:21].

⁴¹ Ch. T. DE MONTHOLON, *Récits de la captivité de l'Empereur* [1847:296]. En 1815, Lafayette desayunaba a las once, según el diario de J. Q. Adams, 5 de mayo de 1815.

⁴² En el diario de J. Q. Adams, 9 y 15 de febrero de 1815.

⁴³ Creo que se trate de una exageración humorística la de Louis Sallentin, *L'improvisateur français* [1804:VII, 21]: «*Autrefois on dînait à midi. Aujourd'hui on déjeûne à deux heures* […]. *On dîne vers sept heures, et l'on soupe… Quand?… Le lendemain, avant le coucher de la veille*».

V. LAS CONSECUENCIAS SOBRE EL SISTEMA DE COMIDAS: INVENCIÓN DEL DESAYUNO Y DESAPARICIÓN DE LA CENA

⁴⁴ *Viaggiatori del Settecento* [1950:282].

⁴⁵   J. H. Reichardt, *Un hiver à Paris…* [1896:132-135].

⁴⁶   *Mémoires de la comtesse Potocka* [1911:132-135].

⁴⁷   Solo tendría futuro en Italia… y en los españoles cultos que agradecen la «excelente colación» cuando lo es y se ajusta a lo que hoy dice el DLE: «Refacción de dulces, pastas y a veces fiambres, con que se obsequia a un huésped o se celebra algún suceso». *(N. del E.)*

⁴⁸   A. Boniface, *Manuel des amateurs de la langue française* [1814:i, 267-268].

⁴⁹   En los diarios de J. Q. Adams, 24 de diciembre de 1809, 8 de enero y 24 de diciembre de 1810; 22 de febrero y 14 de noviembre de 1811.

⁵⁰   *The Bath Archives* [1873:i, 269].

⁵¹   H. de Balzac, *Madame Bovary,* capítulo vii.

⁵²   *Mémoires et mélanges historiques et littéraires* [1827:ii, 27].

⁵³   F.-J.-M. Noël, *Nouveau dictionnaire…* [1827:ii, 523].

⁵⁴   *The Bath Archives* [1873:i, 244-245]. Los diarios y las cartas de George y Francis Jackson abundan en referencias a *suppers,* pero siempre conectados con fiestas en las que se baila.

⁵⁵   W. Irving, *Journals and Notebooks…* [1981:ii, 207].

⁵⁶   J. F. Reichardt, *Un hiver à Paris…* [1896:237].

⁵⁷   M. Saltykov-Ščedrin, *Fatti d'altri…* [2013:253].

⁵⁸   Ch. Parquin, *Souvenirs et campagnes d'un vieux soldat…* [1892:198].

⁵⁹   F.-J.-M. Noël, *Nouveau dictionnaire…* [1827:522].

⁶⁰   J. F. Reichardt, *Un hiver à Paris…* [1896:87].

⁶¹   *Mémoires de la comtesse Potocka* [1911:230-234]; cfr. también la p. 235: *«à trois heures»* es *«dans la matinée».*

⁶²   J. F. Reichardt, *Un hiver à Paris…* [1896:87, 138]. El *déjeuner dinatoire* tiene una característica especial: se sirve un *potage;* cfr. A. Caillot, *Mémoires…* [1827:146].

⁶³   *Dictionnaire de la conversation et de la lecture* [1835:xix, 465]: *«Ce que l'on appelait jadis dans la classe moyenne, en français peu académique, les déjeuners dinatoires».*

⁶⁴   H. Heine, *Visioni di viaggio* [1995:46].

⁶⁵ L. Sallentin, *L'improvisateur* [1804:vii, 21].

⁶⁶ A. Caillot, *Mémoires…* [1827:146].

⁶⁷ M. Saltykov-Ščedrin, *Fatti d'altri tempi…* [2013:253].

⁶⁸ Apuntemos que, en 1812, *luncheon* puede describir no un tentempié sin más detalles, sino una comida habitual que define el momento del día; así, un huésped de Lord Mansfield observa que la hija de trece años del señor pasa la mañana con los estudios, *«so that between breakfast and luncheon we see nothing of her»*, en *The Bath Archives* [1873:i, 420].

vi. Países avanzados y países atrasados: retrasos y ajustes continentales

⁶⁹ *The Diaries and Letters of Sir George Jackson* [1876:ii, 276]. Poco después, en Sevilla, el gobernador provincial invita a Jackson y a otros ingleses, y *«the dinner hour is between three and four»*, verosímilmente para adecuarse a las preferencias de los huéspedes (p. 328).

⁷⁰ *Memoirs of the Life and Writings of Edward Gibbon* [1898:71].

⁷¹ *The Letters of John B. S. Morritt…* [1914: 13, 18, 276].

⁷² W. Thackeray, *Vanity Fair* [capítulos xxxi y lxi].

⁷³ En los diarios de Adams, el 5 de diciembre de 1797 y el 14 de septiembre de 1799.

⁷⁴ *The Diaries and Letters of Sir George Jackson* [1872:ii, 98-99, 101, 113, 155]; el verano siguiente se sirvió un almuerzo a las dos en casa del ministro Haugwitz, en el campo. En 1813, las costumbres no han cambiado, a las dos está prevista una invitación a almorzar con el conde Goltz. En Hamburgo, Jackson se queja de haber sido invitado por notables locales a «sus cenas abominablemente largas». La sociedad de príncipes y generales rusos, alemanes y suecos con los que conviven los enviados ingleses durante la campaña conserva la costumbre de celebrar comidas periódicas e invitarlos a cenar, y las cenas se convierten en protagonistas frecuentes del diario: *The Bath Archives…* [1873:ii, *passim*].

[75] W. Irving, *Journals and Notebooks...* [1970:III, II, 95].

[76] En los diarios de Adams, el 6 de julio de 1798.

[77] P. Bailleu, *Der Preussische Hof...* [1898].

[78] S. von Bray, *Aus der Berliner Hofgesellschaft...* [1903].

[79] En Brunswick, Stendhal se ve obligado a adelantar la comida a las cuatro menos cuarto, pero ni en ocasiones así se resigna a saltarse la cena, y también toma el té a las siete y cuarto (3 de mayo de 1808).

[80] K. F. E. von Suckow, *Fragments de ma vie...* [1901].

[81] En algunos de los cuentos de 1819 recogidos en la segunda edición de E. T. A. Hoffmann, *Fantasías a la manera de Callot* (1819).

[82] Para Weimar y Gotha, véase *The Bath Archives...* [1873:II, 326, 335]. Para Darmstadt, véase A. Mikaberidze, *Russian Eyewitness Accounts...* [2013:15].

[83] D. A. Filippi, *Manuale della conversazione tedesca* [1856:255].

[84] Th. Mann, *Tonio Kröger* [1903], en el primer capítulo: «*Hans und Tonio hatten Zeit, nach der Schule spazieren zu gehen, weil sie beide Häusern angehörten, in denen erst um vier Uhr zu Mittag gegessen wurde*». Nótese que la comida es aún *Mittagessen* (comida del mediodía), aunque hubiera cambiado la hora. En el segundo capítulo de *La montaña mágica*, Hans Castorp vive en casa del abuelo y comen «hacia las cuatro», mientras que, en casa del tutor, el cónsul Tienappel, se come a las cinco.

[85] Th. de Quincey, *The Last Days...* [nota 13].

[86] *Briefwechsel der Königin Luise...* [1929].

[87] *The Diaries and Letters of Sir George Jackson* [1872:II, 346].

[88] En los diarios de Adams, *passim*. Nótese que en verano los horarios cambian: el 31 de agosto de 1801, en un viaje por Prusia, Adams señala: «Estos días me levanto alrededor de las siete de la mañana, desayuno a las ocho, como a la una, tomo el té a las seis y me acuesto entre las once y las doce de la noche». El 31 de agosto de 1809, de viaje por Rusia, apunta que se levanta a las seis, desayuna «hacia las nueve», almuerza a las dos y cena a las siete. Cuando está ocupado en las sesiones del Senado en Washington, renuncia a la comida y se conforma con una «colación fría» entre las tres y las tres y media (28 de febrero

de 1805). Una curiosidad: en una ocasión en que el presidente invitó al embajador de Túnez a almorzar, lo convocó tras ponerse el sol, porque era tiempo de Ramadán («*I dined at the President's, in company with the Tunisian Ambassador and his two secretaries. By the invitation, dinner was to have been on the table precisely at sunset —it being in the midst of Ramadan, during which the Turks fast while the sun is above the horizon. He did not arrive until half an hour after sunset*», 9 de diciembre de 1805).

[89]   Th. Hamilton, *Men and Manners in America* [1833:29, 68, 156-157]. En la traducción francesa, *Les hommes et les moeurs aux États-Unis,* Bruselas, 1834, p. 104, «*dining at six o'clock*» se traduce, curiosamente, «*dîner à sept*».

[90]   En los diarios de Adams, 11 de agosto y 26 de agosto de 1817, 8 de julio de 1819.

[91]   *The Selected Letters of Lidian Jackson Emerson...* [1987:38].

[92]   J. Turner, *The Liberal Education of Charles Eliot Norton...* [1999:35].

[93]   T. J. Crowen, *American System of Cookery* [1847:401].

[94]   Ch. T. Herrick, *Consolidated Library of Modern Cooking...* [1905:1, 53].

[95]   *Mémoires de la comtesse Potocka* [1911:28].

[96]   *Ibidem,* p. 90.

[97]   L. Tolstói, *Guerra y paz,* libro 1, capítulos xiv, xxvii.

[98]   En el diario de John Quincy Adams, 28 de octubre, 29 de noviembre, 30 de noviembre de 1809, 27 de marzo y 13 de mayo de 1810.

[99]   *Ibidem,* 4 y 9 de mayo de 1814.

[100]   I. S. Turguénev, *Nido de nobles* [2023, en la peripecia inicial].

[101]   M. Saltykov-Ščedrin, *Fatti d'altri tempi...* [2013:30, 66, 235, 253, 262, 282].

[102]   Las referencias a las costumbres de los Karenin, en los capítulos xx, xxvi y xxxiii de *Anna Karenina.*

[103]   A. Dumas, *Le Caucase* [1859, capítulo 39].

[104]   Stendhal, *Diario,* 22 de septiembre de 1801.

[105]   G. C. Cosenza, *Un matrimonio alla moda*, Nápoles, 1824, acto i, escena iv (*«La scena è in Italia»*).

[106]   G. Bezzola, *La vita quotidiana a Milano…* [1991:122].

[107]   *Memorie del sottotenente cagnetta, del 17° de fanteria,* manuscrito, archivo privado, p. 26.

[108]   *Annali Universali di Medicina,* 56.166 (octubre de 1830), p. 9.

[109]   G. Belli, Sonetto 341, «Santa Luscia de quest'anno», 13 de enero de 1832. Una muestra en castellano de los sonetos de G. Belli en *99 sonetos romanescos,* L. Giuliani (tr.), Hiperión, Madrid, 2013.

[110]   *Gazzetta di Torino,* 12 de noviembre de 1860. Pero cfr. *L'Opinione,* 3 de noviembre de 1861: *«Verso le ore 6 di questa sera il sig. E. A., pagato lo scotto del pranzo fatto al nuovo Restaurant Français (Dora Grossa) era entrato al caffè Bellardi…».*

[111]   *Il viaggio elettorale…* [1973:xiv].

[112]   L. Marenco, *Celeste. Idillio campestre in quattro atti,* Milán, 1868; E. Scarpellini, *L'Italia dei consumi…* [2008:n. 108].

[113]   Véase la edición digitalizada en [www.pellegrinoartusi.it/], p. 7.

[114]   A. Gibelli, *La guerra grande…* [2014:221].

[115]   A. Cavaciocchi, *Un anno al comando…* [2006:27].

Un poco antes, y en Venecia, un escritor estadounidense, William D. Howells, después de criticar la suciedad y el desaliño de las tabernas, y el desorden vital de los venecianos, en *Venetian Life,* B. Tauchnitz, Leipzig, 1883, sostiene en la p. 79: *«You do not breakfast at the restaurants for the reason, before stated, of the breakfast's unsubstantiality. The dinning commences about three o'clock in the afternoon, and continues till nine o'clock, most people dinning at five or six. As a rule the attendance is insufficient, and no guest is served until he has made a savage clapping on the tables…».* En España, la popular *Guía práctica de las familias* afirmaba a mediados del siglo xix que: «Su primer cuidado será fijar horas invariables para las comidas, teniendo en cuenta el estado y ocupaciones de su marido y la costumbre establecida. Estas horas varían hasta lo infinito; pero en nuestro concepto el método mejor es almorzar a las nueve, comer a las tres y cenar ligeramente a las diez, aun cuando lo más general sea desayunarse a las ocho, almorzar a las once o las doce y comer a las cinco o las seis. Una vez adoptadas las horas más cómodas, por nada y por nadie hay que salirse de la regla». *Guía práctica de las familias. Obra popular destinada a fomentar los intereses domésticos e indispensable a todas las clases,* Madrid, en la imprenta de Juan Rebollo, 1850, capítulo, el vi, al «orden para las horas y preparación de las comidas», pp. 296-297. *(N. del E.).*

VII. PLEBEYOS Y SEÑORES, LA CAPITAL Y LAS PROVINCIAS

[116] J. F. REICHARDT, *Un hiver à Paris...* [1896:337].

[117] Ch. PARQUIN, *Souvenirs et campagnes d'un vieux soldat...* [1892:32].

[118] H. DE BALZAC, *Béatrix* (1839) [1976:II, 683].

[119] H. DE BALZAC, *La vieille fille* (1836, pero ambientado en 1816)... [1976:IV, 869]; y añade que en los días de fiesta mayor el *dîner* se retrasaba hasta las cuatro.

[120] H. DE BALZAC, *Les Paysans* (1844)... [1978:IX, 274]. Exagera con demasiada ironía el parisino que en 1841 acusa a los provincianos de seguir incluso la arcaica costumbre de merendar: *«Quant au goûter, je le sacrifie volontiers, et je l'abandonne aux provinciaux qui dînent à midi»,* en A. BONIFACE, *Manuel des amateurs de la langue française* [1814:I, 268].

[121] F.-J.-M. NOËL, *Nouveau dictionnaire...* [1827:II, 523].

[122] A. CAILLOT, *Mémoires...* [1827:II, 151].

[123] En el diario de John Quincy Adams, 26 de octubre de 1794.

[124] *The Works of Charles and Mary...* [1905:VI, carta 320].

[125] Ch. DICKENS, *David Copperfield* [capítulo XV].

[126] Ch. DICKENS, *Hard Times,* parte II, capítulo II. La traducción italiana de Gianna Lonza (Milán, 1988, p. 136), *«Spostare la CENA fino alle sei e mezzo»* para *«postponing the family DINNER till half-past six»,* es un ejemplo de cómo el uso de algunas palabras en italiano actual hace difícil identificar con precisión el problema que tratamos aquí. En la parte III, cap. II, el mismo *gentleman* pide la comida a las seis.

La traducción española del pasaje de *Tiempos difíciles* atribuida a José Luis López Muñoz dice: «Apuntando la idea de retrasar la CENA familiar hasta las seis y media». Idéntica expresión en la traducción de J. Méndez Herrera en Ch. DICKENS, *Obras completas,* II, Aguilar, Madrid, 1991, p. 1324. *(N. del E.).*

[127] Th. HUGHES, *Tom Brown at Oxford* [1861: capítulos I, VIII, XXIX].

[128] La monarquía española siempre ha sido muy peculiar y por eso ha sido pasto de satíricos. Así describe el Dr. Thebussem las costumbres de nuestro rey, a finales del siglo XIX: «Entre siete y ocho de la mañana, a cuya hora ya ha concluido los arreglos de su tocado, pide el chocolate. Don Alfonso es muy afecto a este desayuno español; lo prefiere al café y al té de alemanes e ingleses, y es tan de su agrado la ardiente jícara vaciada a fuerza de pan o de bizcocho, que si en alguna comida le sirvieran chocolate en vez de ponche a la romana, lo tomaría distraído sin extrañar la incongruencia. Desde esas horas no pide ya nada hasta el almuerzo, que debe verificarse a las doce, pero que los asuntos de Gobierno u otras gabelas de su vida pública le impiden a veces realizarlo hasta la una o las dos de la tarde. Esto contraría un tanto a S. M., y valga la advertencia por lo que importe. El rey prefiere para su almuerzo un pedazo de carne, un *beef-steak* por ejemplo, que es lo que más le agrada, o cosa por el estilo. Cuando su apetito es mucho, después de un biftec [*sic*] se toma otro, y renuncia con indiferencia a los demás platos. En las comidas escoge asimismo la carne con predilección, sazonándola en el paladar con alguna copa de vino de Burdeos o tinto de Valdepeñas…», *La mesa moderna. Cartas sobre el comedor y la cocina cambiadas entre el doctor Thebussem y Un cocinero de S. M.,* Librería de Fernando Fe, Madrid, 1888, pp. 173-174. La clase media tiene sus horarios, y en España siempre ha ido con retraso. En pleno siglo XIX puso de moda costumbres francesas de dos generaciones atrás. En la edición española de la *Fisiología del gusto* de Brillat-Savarin se apunta cómo se «ayunaba a mediados del siglo décimo-octavo», con referencia clara a las costumbres francesas que se debían seguir en nuestras tierras: «Ordinariamente almorzábamos antes de las nueve pan, queso, frutas, y algunas veces pasteles y carne fiambre. Entre doce y una comíamos

sopa, puchero […] a eso de las cuatro se merendaba. Se tomaba poca cosa y esto especialmente lo hacían los niños y los que se ufanaban de seguir las costumbres primitivas. También había ciertas meriendas a estilo de cenas, que empezaban a las cinco y duraban indefinidamente […] eran muy alegres y agradaban a las señoras […]. A eso de las ocho se cenaba [al] principio asado, platos intermedios, ensalada y postres», Brillat-Savarin, *Fisiología del gusto o meditaciones de gastronomía trascendental […] destinada a los gastrónomos parisienses,* tr. del conde de Rodalquilar, Librería de Alfonso Durán, 1869, p. 284. La primera edición francesa fue de 1825. *(N. del E.).*

    129   E. Brontë, *Wuthering Heights* [capítulo 11].

    130   *Household Words,* 12 (1855-1856), p. 292, en [www.djo.org.uk/household-words/volume-xii/23688.html].

    131   Ch. Dickens, *Little Dorrit* [capítulo xxxvi].

    132   Recuérdese la queja del Dr. Thebussem en *La mesa moderna…* [1888:308-309]: «El parlamentarismo inglés no tiene otro defecto, sino el de que sus Cámaras celebren las sesiones después de la cena». *(N. del E.).*

    133   H. R. Addison, *Behind the Curtain* [1865:39].

    134   Ch. Dickens, *Our Mutual Friend,* cap. xi; R. L. Stevenson, *The suicide club,* edición digitalizada en [archive.org/details/suicide-cluboosteviala].

    135   M. Roberts, *A Tramp's Notebook,* en [https://www.gutenberg.org/ebooks/25190].

VIII. El resultado: un desbarajuste léxico

    136   Ya que estamos en el apartado léxico, quizá se pueda recordar que, en castellano, el DLE cree necesario apostillar la voz «desayuno» con «DESAYUNO AMERICANO: 1. m. En algunos establecimientos hoteleros, desayuno que añade al continental huevos, embutidos, etc.», y con «DESAYUNO CONTINENTAL: 1. m. En algunos establecimientos hoteleros, desayuno compuesto habitualmente de zumo, café, pan tostado, mermelada, mantequilla y bollería». *(N. del E.).*

[137] J. K. JEROME, *Three Men in a Boat* [capítulo I]. En *Vanity Fair* de Thackeray, ambientada en 1812-15, pero escrita en 1847-48, el *breakfast* no tiene horario fijo e incluye simplemente té y pastas, o chocolate, pero también riñones y arenque, o caza y *soda-water,* o pescado, arroz y huevos duros [capítulos LIV, LV, LIX]; el LUNCH o LUNCHEON casi nunca se menciona.

[138] H. DE BALZAC, *Eugénie Grandet*, en ID., *La Comédie humaine* [1976:III]. Pero el primo de París se levanta a las once y cree que es pronto, ya que está acostumbrado a levantarse al mediodía; comería con gusto *«quelque chose, un rien, une volaille, un perdreau»,* pero luego acepta el café, el pan con mantequilla, los huevos pasados por agua, la fruta y la botella de vino blanco preparada por Eugénie. En este caso, los dos *déjeuners* se mezclan.

[139] A. CAILLOT, *Mémoires…* [1827:II, 146]. Un diccionario de 1835 concuerda, aunque ofrece detalles que matizan las clases sociales: la *«classe riche»,* el *«monde fashionable», «déjeune à deux heures avec des pâtés, des viandes, etcétéra»,* pero la burguesía rica acostumbra a darse un *«premier déjeuner»* con café o chocolate a primera hora, *«puis, entre midi et une heure, on fait un second déjeuner plus solide, où figurent principalement le bifteck, le jambon, la salade et la classique côtelette»,* Dictionnaire de la conversation et de la lecture, París, 1835, vol. XIX, p. 465.

[140] *Dictionnaire de l'Académie Française,* 9ᵉ éd., París, 1985; Prévert, en un famoso poema de 1940, habla del *déjeuner du matin.*

El tercer volumen del llamado *Diccionario de autoridades* del castellano (1732) aclara: «DESAYUNO. s. m. Porción ligera o corta de alimento, que se toma por la mañana», y remite al latín *ientaculum.* El diccionario académico del castellano actual declara que el desayuno es hoy la «primera comida del día» y deja al albedrío de cada cual hacerlo frugal o abundante.

La tradición española del siglo XIX prefiere comer mucho, cenar poco, y hasta se lamenta de que se come a todas horas. Recuérdese lo que se dice en la biblia satírica de los buenos modales finiseculares españoles, *La mesa moderna. Cartas sobre el comedor y la cocina…*: «Guárdese la mesa grande para comer y las mesas pequeñas para cenar, con cuyo temperamento la cuestión se hace tablas». Los españoles, aproximativos a la hora de mirar el reloj y de respetarlo, eran reseñables por esto: «Luego con letra de mano se escriben los nombres de los manjares, pero sin señalar fecha, ni menos si el menú es de almuerzo o de comida, lo cual hay que deducir por la clase de platos que se presentan […] Aún no se han levantado los manteles del almuerzo, y ya se piensa en echar los de la comida; aún se friegan los platos de esta, cuando ya la cena está preparada, y en discusión el desayuno del día siguiente», *La mesa moderna. Cartas sobre el comedor y la cocina cambiadas entre el doctor Thebussem…* [1888], capítulo VII, «Más sobre la mesa libre en el Estado libre», pp. 47 y 130. *(N. del E.).*

[141] Cfr. [www.achyra.org/francais/viewtopic.php?p=61181].

[142] Cfr. [forum.wordreference.com/showthread.php?t=311559&langid=14].

[143] Cfr. [rouleaum.wordpress.com/2014/06/09/dejeuner-diner-souper-1de-4/].

[144] Una pausa breve significativamente lexicalizada en italiano como *pausa pranzo*. *(N. del E.).*

[145] Cfr. [lagunex.wordpress.com/2012/04/03/curiosidades-del-espanol-cuando-almorzamos/].

[146] Cfr. [www.history-magazine.com/dinner2.html].

[147] Cfr. [www.bbc.com/news/magazine-20243692].

[148] A. Arbasino, «Ludwig II di Baviera»…, en *Le interviste impossibili* [1975:204].

Índice

«E il naufragar m'è dolce in questo mare»